Sonderdruck aus „Ziegler, Verwaltungsgesetze"

96. Volksschullehrergesetz.

Vom 14. August 1914.

(GVBl. S. 437.)[1]

Der Landtag des Freistaates Bayern hat folgendes Gesetz beschlossen:

Abschnitt I.

Dienstverhältnis der Volksschullehrer.

Art. 1.[2] Volksschullehrer im Sinne dieses Gesetzes sind die Personen, die von der zuständigen Behörde (Anstellungsbehörde) zur Erteilung des allgemeinen Volksschulunterrichts an einer öffentlichen Volksschule in ständiger oder unständiger Diensteseigenschaft hauptamtlich angestellt sind.

Ständige Volksschullehrer sind die in den Formen des Art. 2 ernannten Volksschullehrer, die einer in der Besoldungsordnung für die bayerischen Staatsbeamten aufgeführten Gruppe angehören.

Die Volksschullehrer sind Beamte des Staates.

Art. 2. Die Ernennung zum ständigen Volksschullehrer wird durch die Aushändigung der Ernennungsurkunde oder durch die amtliche Ausschreibung vollzogen.

In der Urkunde oder in der amtlichen Ausschreibung ist anzugeben, wann die Ernennung wirksam wird.

Diese Vorschriften gelten entsprechend für die Versetzung, Wiederanstellung und Beförderung der ständigen Volksschullehrer.

Art. 3. Die erweiterte Mitwirkung der Erziehungsberechtigten an der Schulverwaltung wird im Schulgesetze geregelt.

Art. 4. Das Dienstverhältnis des Volksschullehrers ist nach zehnjähriger Dienstzeit von der Ernennung zum ständigen Volksschullehrer an unwiderruflich.

Aus besonderen Gründen kann das zuständige Staatsministerium das Dienstverhältnis eines ständigen Volksschullehrers schon vorher für unwiderruflich erklären.

Art. 5.[3] Dem widerruflichen Volksschullehrer kann jederzeit eine andere seiner Berufsausbildung entsprechende Lehrstelle übertragen werden.

Das Dienstverhältnis des widerruflichen Volksschullehrers kann von der Anstellungsbehörde jederzeit gelöst werden.

Mit der Lösung des Dienstverhältnisses verliert der Volksschullehrer den Anspruch auf das Diensteinkommen und auf die Standesbezeichnung sowie die Aussicht auf Ruhestands- und Hinterbliebenenversorgung.

Wird das Dienstverhältnis des widerruflichen Volksschullehrers gelöst, ohne daß ihm eine Verletzung seiner Pflichten zur Last fällt, so wird ihm das Diensteinkommen noch für die Dauer der Dienstleistung weitergewährt, min-

---

[1]) Geändert durch Ges. v. 24. März 1920 (GVBl. S. 103), das Beamtenbesoldungsges. v. 2. Juni 1920 (GVBl. S. 275), das Pensionsergänzungsges. v. 23. März 1921 (GVBl. S. 117), Art. I Ziff. 11, 12 d. Gesetzes v. 10. August 1921 (GVBl. S. 397) Art. 3 des Gesetzes v. 16 Dezember 1921 (GVBl. 1922, S. 1), § 34 des Schulaufsichtsgesetzes v. 1. August 1922 (GVBl. S. 385), Art. 3 des Ges. v. 9. Jan. 1923 (GVBl. S. 7), Ges. v. 1. August 1923 (GVBl. S. 337), Ges. v. 29. August 1923 (GVBl. S. 309), Art. 4 des Ges. v. 29. Febr. 1924 (GVBl. S. 117), VO. zur Änderung beamtenrechtlicher Vorschriften v. 29. März 1924 (GVBl. S. 128), Ges. v. 19. Juli 1926 (GVBl. S. 381), Ges. v. 10. Juli 1927 (GVBl. S. 227).

[2]) In der Fassung des Art. 62 des Beamtenbesoldungsgesetzes v. 2. Juni 1920 (GVBl. S. 275) sowie Ges. v. 1. August 1923 (GVBl. S. 337).

destens aber für drei Monate von der Mitteilung der Entschließung an, die das Dienstverhältnis löst.

Art. 6.[3]) Dem unwiderruflichen Volksschullehrer kann ohne sein Ansuchen, abgesehen von dem Falle der Strafversetzung, eine andere Lehrstelle nur übertragen werden, wenn sie ihm in ständiger Weise übertragen wird, seiner Berufsausbildung entspricht und damit eine Schmälerung seines Grundgehalts nicht verknüpft ist.

Der unwiderrufliche Volksschullehrer kann ohne seine Zustimmung nur im Amtsstrafverfahren aus dem öffentlichen Volksschuldienst entlassen werden.

Das Dienstverhältnis erlischt mit den in Art. 7 Abs. IV ausgesprochenen Folgen beim Eintritt in den unmittelbaren oder mittelbaren Dienst eines anderen Landes oder einer anderen Regierung, sofern nicht das zuständige Staatsministerium die Genehmigung hierzu erteilt.

Art. 7. Der Volksschullehrer kann jederzeit ohne Angabe eines Grundes die Entlassung aus dem öffentlichen Volksschuldienste verlangen.

Sie kann ihm nur verweigert werden, solange dies wegen der weiteren Wahrnehmung seiner Dienstgeschäfte notwendig ist oder solange er sich aus eigenem Verschulden mit der Erledigung von Dienstgeschäften im Rückstande befindet. Der Volksschullehrer kann jedoch aus diesen Gründen nicht länger als drei Monate im Dienste zurückgehalten werden.

Die Entlassung wird von der Anstellungsbehörde bewilligt.

Der Volksschullehrer verliert mit der Entlassung den Anspruch auf das Diensteinkommen und auf die Standesbezeichnung sowie den Anspruch oder die Aussicht auf Ruhestands- und Hinterbliebenenversorgung. Die Anstellungsbehörde kann ihm die Weiterführung der Standesbezeichnung widerruflich gestatten.

Abschnitt II.

Pflichten der Volksschullehrer.

Art. 8. Der Volksschullehrer hat alle Obliegenheiten seines Amtes nach den Gesetzen, Verordnungen und Dienstvorschriften gewissenhaft wahrzunehmen und sich durch sein Verhalten in und außer dem Amte der Achtung, die sein Beruf erfordert, würdig zu erweisen.

Art. 9. Der Volksschullehrer hat den dienstlichen Anordnungen seiner Vorgesetzten Folge zu leisten. Soweit er im Vollzug einer dienstlichen Anordnung handelt, trifft die dienstliche Verantworung den Vorgesetzten, der die Anordnung erlassen hat.

Art. 10. Verletzt ein Volksschullehrer vorsätzlich oder fahrlässig seine Amtspflicht, so haftet er für den Schaden, der dem Staate daraus entsteht.

Die §§ 827, 830, 840 Abs. I, 852 Abs. II und 853 des Bürgerlichen Gesetzbuches gelten entsprechend.

Der Anspruch des Staats auf Schadenersatz verjährt in drei Jahren von dem Zeitpunkt an, in dem eine zur Erhebung des Anspruchs zuständige Behörde von dem Schaden und der Person des ersatzpflichtigen Volksschullehrers Kenntnis erhalten hat, spätestens aber in dreißig Jahren von der Begehung der Handlung an. Wenn der Staat einem Dritten für den durch die Amtspflichtverletzung verursachten Schaden Ersatz leisten muß, beginnt die dreijährige Verjährungsfrist mit dem Zeitpunkt, in dem die Ersatzpflicht des Staates gegenüber dem Beschädigten anerkannt oder rechtskräftig festgestellt ist.

Art. 11. Der Volksschullehrer hat über die ihm vermöge seines Amtes bekannt gewordenen Angelegenheiten, die ihrer Natur nach oder zufolge dienst-

---

[3]) In der Fassung des Art. 62 des Beamtenbes.-Ges. v. 2. Juni 1920 (GVBl. S. 275), Art. 2 der VO. v. 29. März 1924 (GVBl. S. 128), Art. 2 des Ges. v. 10. Juli 1927 (GVBl. S. 227).

licher Anordnung geheim zu halten sind, Verschwiegenheit zu beobachten. Dies gilt auch nach der Lösung des Dienstverhältnisses.

Art. 12. Beabsichtigt der Volksschullehrer zu heiraten, so hat er dies rechtzeitig der vorgesetzten Dienstbehörde anzuzeigen.

Art. 13. Der Volksschullehrer darf ein Nebenamt oder ein Nebengeschäft nur übernehmen, soweit dies mit der gewissenhaften Erfüllung seiner Pflichten und mit der Achtung, die sein Beruf erfordert, vereinbar ist.

Übernimmt ein Volksschullehrer

1. ein nicht entlohntes Nebenamt in einem anderen Zweige des staatlichen Dienstes, im Dienste des Reiches oder eines anderen Staates,
2. eine ehrenamtliche Stellung in der Verwaltung einer Gemeinde, Anstalt, Stiftung, Kasse, Religions- oder Kirchengesellschaft, Erwerbsgesellschaft oder Genossenschaft oder
3. das Amt eines Schiedsrichters, Testamentvollstreckers, Vormunds, Pflegers, Beistands oder eine andere Verwaltung fremder Angelegenheiten,

so hat er dies der zuständigen Dienstbehörde anzuzeigen.

Die Erlaubnis der Anstellungsbehörde oder der von ihr ermächtigten Behörde ist erforderlich:

1. zum Betrieb eines Gewerbes im Sinne der Reichsgewerbeordnung, und zwar auch dann, wenn es von der Ehefrau oder von einer anderen dem Hausstande des Volksschullehrers angehörenden Person betrieben wird,
2. zur Übernahme eines Nebenamtes oder Nebengeschäftes, mit dem eine Entlohnung verbunden ist,
3. zur Beteiligung an der Errichtung einer auf Gewinn gerichteten Gesellschaft als Gründer oder zum Eintritt in den Vorstand, Aufsichtsrat oder Verwaltungsrat einer solchen Gesellschaft. Als eine auf Gewinn gerichtete Gesellschaft gilt eine Genossenschaft nicht, deren Tätigkeit auf den Kreis ihrer Mitglieder beschränkt ist.

Die Erlaubnis kann jederzeit zurückgenommen werden. In den Fällen des Abs. III Nr. 3 darf die Erlaubnis nur erteilt werden, wenn mit der Tätigkeit weder unmittelbar noch mittelbar ein Gewinn oder eine Entlohnung verbunden ist.

Art. 14.[3a]) Der Volksschullehrer ist zur Übernahme von Nebenämtern oder Nebengeschäften im öffentlichen Dienst auch ohne besondere Vergütung verpflichtet, wenn sie seiner Berufsausbildung entsprechen.

Art. 15. Der weltliche Kirchendienst kann vom Volksschullehrer nur im Nebenamte versehen werden.

Die Übernahme des Mesnerdienstes ist dem Volksschullehrer untersagt.

Art. 16. Der Volksschullehrer darf Titel, Ehrenzeichen, Gehälter, Belohnungen und Geschenke von auswärtigen Regierungen oder Regenten nur mit Erlaubnis des zuständigen Staatsministeriums, sonstige Belohnungen oder Geschenke, die ihm mit Bezug auf sein Amt zugedacht sind, nur mit Erlaubnis der Anstellungsbehörde annehmen.

Art. 17. Der Volksschullehrer hat seinen Wohnsitz so zu nehmen, daß dadurch die Erfüllung seiner dienstlichen Obliegenheiten nicht beeinträchtigt ist.

Ob der Wohnsitz diesen Anforderungen entspricht, entscheidet im Zweifel die zuständige Dienstbehörde.

Art. 18. Die Vorschriften über den Urlaub und die Sonntagsruhe der Volksschullehrer erläßt das zuständige Staatsministerium.

Der Feriengenuß ersetzt den regelmäßigen Urlaub.

Wenn ein Volksschullehrer ohne Urlaub schuldhaft vom Amte fernbleibt oder den Urlaub ohne ausreichenden Grund überschreitet, wird abgesehen vom dienststrafrechtlichen Einschreiten für die Zeit des unerlaubten Fernbleibens sein Diensteinkommen eingezogen. Gegen die Verfügung kann der Volksschullehrer binnen vierzehn Tagen nach der Eröffnung Beschwerde zum zuständigen Staatsministerium erheben.

[3a]) In der Fassung der VO. vom 29. März 1924 (GVBl. S. 128).

Art. 19. Der Volksschullehrer wird vor dem Diensteintritt auf die getreue Erfüllung seiner Obliegenheiten eidlich verpflichtet.

Der Eid verpflichtet auch für alle Ämter, die dem Volksschullehrer später im öffentlichen Volksschuldienst übertragen werden.

Ist die eidliche Verpflichtung unterblieben, so hat dies auf die Gültigkeit der Amtshandlungen und auf die Verantwortlichkeit für Pflichtverletzungen keinen Einfluß.

Art. 20. Die Vorschriften des Art. 8 über das Verhalten außer dem Amte und die Vorschriften des Art. 11 und 16 gelten auch für die Volksschullehrer im Ruhestande. Für die Volksschullehrer im zeitlichen Ruhestande gilt außerdem auch Art. 12.

Art. 21.[4]) Die Art. 8 bis 12, 13 Abs. I und 16 bis 19 gelten entsprechend auch für die Schulamtsbewerber und für Personen, die mit der Erteilung des Unterrichts an öffentlichen Volksschulen dauernd oder vorübergehend betraut sind, ohne selbst Volksschullehrer im Sinne dieses Gesetzes zu sein.

Ist der Volksschulunterricht einer geistlichen Gesellschaft oder einem religiösen Verein übertragen, so haftet die Gesellschaft oder der Verein dem Staate für den Schaden, den ihm ein Mitglied durch vorsätzliche oder fahrlässige Verletzung der Amtspflicht verursacht.

Abschnitt III.

Diensteinkommen der Volksschullehrer.

Art. 22.[5])

Das Einkommen aus dem weltlichen Kirchendienst und aus anderen Nebenämtern oder Nebengeschäften darf in das Diensteinkommen des Volksschullehrers nicht eingerechnet werden.

Art. 23.[6])

Art. 24.[6])

Art. 25.[6])

Art. 26.[6])

Art. 27.[7])

Art. 28.[8]) Hat sich die Ernennung zum zuständigen Volksschullehrer dadurch verzögert, daß der Volksschullehrer seiner aktiven Militärpflicht genügt hat oder wegen zeitiger Untauglichkeit von der Aushebung zurückgestellt oder als überzählig vorerst nicht eingestellt wurde, oder wegen des Krieges, so kann ihm bei der Ernennung zum ständigen Volksschullehrer die Zeit der Verzögerung für die Gewährung der Gehaltsvorrückungen angerechnet werden.

Art. 29, 30.[7])

Art. 31. Für die Zeit der Schulferien und für die Zeit der Abwesenheit, für die der Volksschullehrer keines Urlaubs bedarf oder für die der Urlaub nicht verweigert werden kann, tritt kein Abzug am Diensteinkommen ein. Wird in anderen Fällen ein besonderer Urlaub außerhalb der Schulferien erteilt, so entscheidet die Anstellungsbehörde, ob und wieweit das Diensteinkommen einzuziehen ist.

Im Falle der Erkrankung wird das Diensteinkommen, solange sich der Volksschullehrer im Dienste befindet, bis zur Dauer von sechsundzwanzig Wochen unverkürzt weitergewährt. Dauert die Dienstbehinderung infolge der Krankheit

---

[4]) In der Fassung des Gesetzes vom 1. August 1923 (GVBl. S. 337).

[5]) Art. 62 des Beamtenbesoldungsgesetzes vom 2. Juni 1920 (GVBl. S. 275).

[6]) Aufgehoben durch Art. 62 des Beamtenbesoldungsgesetzes vom 2. Juni 1920 (GVBl. S. 275).

[7]) Aufgehoben durch Art. 62 d. Beamtenbesoldungsgesetzes v. 2. Juni 1920 (GVBl. S. 275).

[8]) In der Fassung des Art. 62 d. Beamtenbesoldungsges. v. 2. Juni 1920 (GVBl. S. 275) sowie durch Ges. v. 1. August 1923 (GVBl. S. 337).

ununterbrochen länger als sechsundzwanzig Wochen, so bedarf die Weitergewährung des vollen Diensteinkommens der Genehmigung des zuständigen Staatsministeriums oder der von ihm ermächtigten Behörde.

Art. 32. Die Anstellungsbehörde weist dem Volksschullehrer das Diensteinkommen zu. Sie entscheidet über die Gewährung der Gehaltsvorrückungen und verfügt die Einziehung und Wiedergewährung des Diensteinkommens.

Art. 33.[9])

Art. 34.[10]) Außer den gesetzlichen Leistungen dürfen dem Volksschullehrer sonstige Geldbezüge, Reichnisse und Nutzungen mit Bezug auf seine hauptamtliche Dienstleistung nicht gewährt werden.

Art. 35. Die beteiligten Staatsministerien erlassen die Vorschriften über die Entschädigungen für den Dienstaufwand der Volksschullehrer.

Art. 36.[10*]) Der unwiderrufliche Volksschullehrer hat bei der Übertragung einer anderen Lehrstelle nach Art. 6 Abs. I Anspruch auf Erstattung von Umzugskosten.

Den gleichen Anspruch hat der widerrufliche Volksschullehrer, dem ohne sein Ansuchen eine andere Lehrstelle übertragen wird, wenn er die Änderung seiner dienstlichen Stellung nicht durch sein Verhalten verschuldet hat.

Die beteiligten Staatsministerien erlassen die näheren Vorschriften über die Erstattung von Umzugskosten.

Art. 37. Die Gehalte der Volksschullehrer werden jeweils mit den Gehalten der Staatsbeamten entsprechend neu geregelt.

Abschnitt IV.

Versetzung der ständigen Volksschullehrer in den Ruhestand.

Art. 38.[10a]) Der unwiderrufliche Volksschullehrer tritt mit Ablauf des Monats in den dauernden Ruhestand, der auf den Monat folgt, in dem er das fünfundsechzigste Lebensjahr vollendet hat. Wenn dringende dienstliche Rücksichten das Verbleiben des Volksschullehrers im Amte erfordern, so kann das zuständige Staatsministerium im Einverständnis des Staatsministeriums der Finanzen die Versetzung in den Ruhestand hinausschieben

Der unwiderrufliche Volksschullehrer kann die Versetzung in den Ruhestand beanspruchen, wenn er infolge eines körperlichen Gebrechens oder wegen Schwäche seiner körperlichen und geistigen Kräfte zur Erfüllung seiner Amtspflichten unfähig ist.

Art. 39.[10a]) Der unwiderrufliche Volksschullehrer kann ohne sein Ansuchen in den Ruhestand versetzt werden,

1. wenn er infolge eines körperlichen Gebrechens oder wegen Schwäche seiner körperlichen oder geistigen Kräfte zur Erfüllung seiner Amtspflichten unfähig ist,
2. wenn durch sein Verschulden Umstände vorliegen, durch die seine amtliche Wirksamkeit auch auf einer anderen Lehrstelle nicht bloß vorübergehend gestört wäre, ein Amtsstrafverfahren aber wegen Verjährung ausgeschlossen ist.

Art. 40. Wird ein Volksschullehrer infolge eines körperlichen Gebrechens oder wegen Schwäche seiner körperlichen oder geistigen Kräfte zur Erfüllung seiner Amtspflichten unfähig, ist aber der Wiedereintritt der Dienstfähigkeit nicht ausgeschlossen, so wird er zunächst nur auf die voraussichtliche Dauer der Dienstunfähigkeit in den Ruhestand versetzt.

---

[9]) Aufgehoben durch Gesetz vom 1. August 1923 (GVBl. S. 337).

[10]) In der Fassung des Art. 62 des Beamtenbesoldungsgesetzes v. 2. Juni 1920 (GVBl. S. 275).

[10*]) In der Fassung des Art. 2 des Ges. v. 10. Juli 1927 (GVBl. S. 227).

[10a]) In der Fassung des Art. 2 der VO. v. 29. März 1924 (GVBl. S. 128) und des Art. 2 des Ges. v. 10. Juli 1927 (GVBl. S. 227).

Art. 41. Die beteiligten Staatsministerien erlassen die näheren Vorschriften über den Nachweis der Dienstunfähigkeit.

Art. 42.[10a]) Wenn ein Volksschullehrer, bei dem die Versetzung in den Ruhestand nach Art. 39 für begründet erachtet wird, nicht selbst darum nachsucht, wird ihm oder seinem gesetzlichen Vertreter unter Angabe der Gründe schriftlich eröffnet, daß seine Versetzung in den Ruhestand beabsichtigt sei.

Ist eine Verständigung mit dem Volksschullehrer nicht möglich und ein gesetzlicher Vertreter nicht vorhanden, so hat ihm die zuständige Dienstbehörde einen Vertreter zu bestellen und die Eröffnung nach Abs. I an diesen zu richten.

Erhebt der Volksschullehrer binnen zwei Wochen nach der Eröffnung keine Einwendungen, so wird in derselben Weise verfügt, wie wenn er um seine Versetzung in den Ruhestand selbst nachgesucht hätte.

Erhebt der Volksschullehrer innerhalb der Frist Einwendungen gegen die Versetzung in den Ruhestand, so entscheidet die Anstellungsbehörde, ob das Verfahren fortzusetzen ist. Verfügt sie die Fortsetzung des Verfahrens, so wird ein Beamter beauftragt, die bestrittenen Tatsachen zu untersuchen. Hierbei können Zeugen und Sachverständige eidlich vernommen werden. Der Volksschullehrer, der in den Ruhestand versetzt werden soll, darf den Vernehmungen beiwohnen. Er darf mit einem Beistand erscheinen oder einen Vertreter schicken. Zum Ergebnisse der Ermittlungen kann er Erklärungen abgeben und Anträge stellen. Auch hierzu darf er mit einem Beistand erscheinen. Ungeeignete Vertreter oder Beistände können zurückgewiesen werden.

Erhebt der gesetzliche oder bestellte Vertreter binnen zwei Wochen nach der Eröffnung Einwendungen gegen die Versetzung in den Ruhestand, so gilt Abs. IV entsprechend. Erhebt er innerhalb der Frist keine Einwendungen, so kann nach Abs. III verfügt werden. Die Anstellungsbehörde kann aber in diesem Falle auch eine weitere Untersuchung nach Abs. IV anordnen.

Nach dem Abschlusse der Verhandlungen entscheidet die Anstellungsbehörde über die Versetzung in den Ruhestand.

Die baren Auslagen, die durch unbegründete Einwendungen des Volksschullehrers oder seines Vertreters entstanden sind, fallen dem Volksschullehrer zur Last, wenn ihm oder dem Vertreter bekannt oder infolge grober Fahrlässigkeit unbekannt war, daß die Einwendungen unbegründet sind.

Art. 43.[11]) Der unwiderrufliche Volksschullehrer hat im Falle der Versetzung in den Ruhestand Anspruch auf Ruhegehalt.

Der Ruhegehalt beträgt für die ersten zehn Dienstjahre fünfunddreißig vom Hundert des versorgungsfähigen Diensteinkommens. Er steigt mit dem Antritte jedes weiteren Dienstjahres bis zum Eintritt in das fünfundzwanzigste Dienstjahr jährlich um zwei vom Hundert und vom Eintritte in das sechsundzwanzigste Dienstjahr an jährlich um eins vom Hundert des versorgungsfähigen Diensteinkommens.

Der Ruhegehalt darf achtzig vom Hundert des versorgungsfähigen Diensteinkommens nicht übersteigen.

Art. 44.[12]) Zum versorgungsfähigen Diensteinkommen gehören der Grundgehalt und der versorgungsfähige Satz des Ortszuschlags.

Art. 45.[13])

Art. 46. Für die Berechnung des Ruhegehalts wird die Dienstzeit vom Tage der ersten eidlichen Verpflichtung als Volksschullehrer, wenn jedoch die Eigenschaft als Volksschullehrer früher gegeben war, von diesem Zeitunkt an gerechnet.

---

[11]) Geändert durch Art. 3 des Ges. vom 29. August 1923 (GVBl. S. 309).

[12]) In der Fassung des Art. 62 des Beamtenbesoldungsges. vom 2. Juni 1920 (GVBl. S. 275) sowie Art. 3 des Ges. vom 9. Jan. 1923 (GVBl. S. 7).

[13]) Aufgehoben durch Art. 2 des Ges. vom 10. Juli 1927 (GVBl. S. 227).

Art. 47. Bei der Feststellung der Dienstzeit für die Berechnung des Ruhegehalts wird auch die Zeit gerechnet, die der Volksschullehrer mit der Ableistung des Vorbereitungsdienstes als Schulamtsbewerber zugebracht hat.

Art. 48. Angerechnet wird ferner die Zeit des aktiven Militärdienstes im deutschen Heere, in der deutschen Marine oder bei den deutschen Schutztruppen sowie die Zeit eines früheren aktiven Militärdienstes in einem deutschen Bundesstaate.

Für jeden Krieg, an dem ein Volksschullehrer im deutschen Heere, in der deutschen Marine oder bei den deutschen Schutztruppen oder in der bewaffneten Macht eines Bundesstaates teilgenommen hat, wird zur wirklichen Dauer der Dienstzeit ein Jahr (Kriegsjahr) hinzugerechnet. Für mehrere in ein Kalenderjahr fallende Kriege kann nur ein Kriegsjahr angerechnet werden.

Wer als Teilnehmer an einem Kriege anzusehen ist, unter welchen Voraussetzungen bei Kriegen von längerer Dauer mehrere Kriegsjahre anzurechnen sind, welche militärischen Unternehmungen als ein Krieg im Sinne dieser Vorschriften anzusehen sind und welche Zeit als Kriegszeit zu rechnen ist, wenn keine Mobilmachung oder Demobilmachung stattgefunden hat, ist nach den für die staatlichen Beamten geltenden Grundsätzen zu bestimmen.

Wieweit die Zeit einer während des aktiven Militärdienstes erlittenen Freiheitsstrafe oder einer Kriegsgefangenschaft angerechnet werden kann, ist nach den Vorschriften über die Versorgung der Militärpersonen zu bestimmen.

[13a]) Art. 56 a des Beamtengesetzes gilt entsprechend.

Art. 49. Bei der Feststellung der Dienstzeit für die Berechnung des Ruhegehalts kann ganz oder teilweise auch die Zeit gerechnet werden, während der der Volksschullehrer

1. in einem anderen Zweige des staatlichen Dienstes,
2. im Dienste des Reiches,
3. im Dienste eines anderen Bundesstaates oder eines außerdeutschen Staates oder
4. im sonstigen öffentlichen Dienste verwendet oder
5. außerhalb des öffentlichen Dienstes tätig war, soferne diese Tätigkeit für die berufliche Ausbildung förderlich war.

Die Anrechnung kann dem Volksschullehrer bei der Ernennung ganz oder teilweise zugesichert werden.

Art. 50. Wird ein Volksschullehrer, dessen Dienstverhältnis nach Art. 5 Abs. II oder Art. 7 gelöst war, wieder als ständiger Volksschullehrer angestellt, so kann ihm bei der Feststellung der Dienstzeit für die Berechnung des Ruhegehalts die vor der Lösung des Dienstverhältnisses zurückgelegte Dienstzeit ganz oder teilweise angerechnet werden, soferne das Dienstverhältnis nicht wegen einer Pflichtverletzung gelöst worden war. Im Falle des Art. 7 kann dem Volksschullehrer die Anrechnung bei der Bewilligung der Entlassung zugesichert werden.

[13a]) Art. 57 Abs. 3 des Beamtengesetzes gilt entsprechend.

Art. 51. Die Zeit vor der Vollendung des einundzwanzigsten Lebensjahres kann bei der Feststellung der Dienstzeit für die Berechnung des Ruhegehalts nicht angerechnet werden.

Im Kriegsfalle wird jedoch die Militärdienstzeit vom Beginne des Krieges, beim Eintritt in den Militärdienst während des Krieges vom Tage des Eintritts an nach der Vorschrift des Art. 48 ohne Rücksicht auf das Lebensalter angerechnet.

Art. 52.[14]) Der Anspruch auf den Ruhegehalt beginnt mit dem Zeitpunkt, in dem die Versetzung in den Ruhestand wirksam wird. Endigt die Dienstleistung in einem späteren Zeitpunkte, so beginnt der Anspruch mit diesem Zeitpunkte.

[13a]) Eingefügt durch Art. 2 Ges. v. 10. Juli 1927 (GVBl. S. 227).

[14]) In der Fassung des Art. 62 des Beamtenbesoldungsges. v. 2. Juni 1920 (GVBl. S. 275).

Wenn der Zeitpunkt, in dem die Versetzung in den Ruhestand wirksam wird oder die Dienstleistung endigt, nicht auf den Ersten eines Monats fällt, so wird der Ruhegehalt vom Ersten des nächsten Monats an gezahlt. Bis dahin wird dem Volksschullehrer noch das Diensteinkommen gewährt, auch wenn er bereits seiner Dienstleistung enthoben ist.

Hat der Volksschullehrer das bare Diensteinkommen über diesen Zeitpunkt hinaus bezogen, so hat er den zuviel erhaltenen Betrag zurückzuerstatten oder sich auf den Ruhegehalt anrechnen zu lassen.

Art. 53.[15]) Der Ruhegehalt wird vorausgezahlt.

Das Staatsministerium der Finanzen kann die mehrmonatliche Vorauszahlung im Rahmen der jeweils für die Reichsbeamten geltenden Regelung verfügen.

Art. 54.[15a]) Der Volksschullehrer, der infolge eines körperlichen Gebrechens oder wegen Schwäche seiner körperlichen oder geistigen Kräfte zeitlich oder dauernd in den Ruhestand versetzt worden ist, kann unter den gleichen Voraussetzungen, unter denen nach Art. 6 Abs. I einem unwiderruflichen Volksschullehrer eine andere Lehrstelle übertragen werden kann, wieder angestellt werden, wenn er wieder dienstfähig geworden ist und das fünfundsechzigste Lebensjahr noch nicht überschritten hat. Art. 36 Abs. I gilt entsprechend.

Wenn ein nach Art. 40 zeitlich in den Ruhestand versetzter Volksschullehrer wieder dienstfähig geworden ist, aber nicht sofort auf einer geeigneten Dienstesstelle wieder angestellt werden kann, wird er unter Fortgewährung des Ruhegehalts solange im Ruhestand belassen, bis die Wiederanstellung möglich ist.

Art. 55.[16])

Art. 56.[16a]) Der Anspruch auf den Ruhegehalt erlischt,

1. wenn der Volksschullehrer nach Art. 54 Abs. I im staatlichen Dienst wieder angestellt wird,
2. wenn er rechtskräftig zu einer Strafe verurteilt ist, die kraft des Gesetzes den Verlust des Amtes zur Folge hätte, wenn er beim Eintritt der Rechtskraft noch im Dienste wäre,
3. wenn ihm der Anspruch auf den Ruhegehalt im Amtsstrafverfahren rechtskräftig aberkannt wird,
4. mit dem Ablaufe des Monats, in dem er stirbt.

Art. 57. Der Anspruch auf den Ruhegehalt ruht, solange der Volksschullehrer der deutschen Reichsangehörigkeit verlustig ist.

Art. 58.[17]) Solange der in den Ruhestand versetzte Volksschullehrer aus einer Verwendung im Staats- oder in einem sonstigen öffentlichen Dienste ein Diensteinkommen bezieht, wird der Ruhegehalt so weit gekürzt, als dieses zusammen mit dem Ruhegehalt das von dem Volksschullehrer im Zeitpunkte des Ausscheidens aus dem Dienste bezogene Diensteinkommen übersteigt.

Hat der in den Ruhestand versetzte Volksschullehrer aus einer anderweitigen Verwendung im Sinne des Abs. I einen Anspruch auf einen Versorgungsbezug, so wird der Ruhegehalt so weit gekürzt, als er zusammen mit dem Versorgungsbezuge den Betrag übersteigt der sich ergibt, wenn der Ruhegehalt nach der gesamten Dienstzeit unter Hinzurechnung der Zeit der anderweitigen Verwendung berechnet wird.

---

[15]) In der Fassung des Gesetzes vom 19. Juli 1926 (GVBl. S. 381).

[15a]) In der Fassung von Art. 2 des Ges. v. 10. Juli 1927 (GVBl. S. 227).

[16]) Aufgehoben durch Art. 2 des Ges. v. 10. Juli 1927 (GVBl. S. 227).

[16a]) In der Fassung von Art. 2 des Ges. v. 10. Juli 1927 (GVBl. S. 227).

[17]) In der Fassung des Art. 62 d. Beamtenbesoldungsges. v. 2. Juni 1920 (GVBl. S. 275) sowie durch Art. 3 des Ges. v. 29. August 1923 (GVBl. S. 309).

Die Kürzung des Ruhegehalts nach Abs. II wird auch dann vorgenommen, wenn der Volksschullehrer nach der Versetzung in den Ruhestand Anspruch auf einen Versorgungsbezug aus einer anderweitigen Verwendung im Sinne des Abs. I erwirbt. Dies gilt nicht, wenn der neue Versorgungsbezug nach Art. 59 des Beamtengesetzes oder einer gleichbedeutenden Vorschrift in der Satzung einer Gemeinde oder einer anderen öffentlichen Körperschaft gekürzt wird.

Im übrigen gilt Art. 44 Ziff. 3 Abs. II, III des Beamtengesetzes entsprechend.

Art. 59. Wenn die Voraussetzungen für die Einziehung oder Kürzung des Ruhegehalts am ersten Tag eines Monats eintreten, wird der Ruhegehalt, abgesehen von dem Falle des Art. 56 Nr. 4, vom Anfange dieses Monats an eingezogen oder gekürzt. Wenn die Voraussetzungen im Laufe des Monats eintreten, wird der Ruhegehalt vom Anfange des nächsten Monats an eingezogen oder gekürzt.

Der Ruhegehalt wird vom Anfange des Monats an wieder gewährt, in dem die Voraussetzungen hierfür eingetreten sind.

Hat der Volksschullehrer den Ruhegehalt über den im Abs. I bezeichneten Zeitpunkt hinaus bezogen, so hat er den zuviel erhaltenen Betrag zurückzuerstatten oder sich auf andere Bezüge anrechnen zu lassen.

Art. 60. Der Jahresbetrag des Ruhegehalts wird, wenn nötig, auf den nächsten durch drei teilbaren Markbetrag aufgerundet.

Art. 61.[17a]) Der widerrufliche ständige Volksschullehrer kann wegen Dienstunfähigkeit in den Ruhestand versetzt werden. In diesem Falle kann ihm ein Ruhegehalt bis zu dem Betrage, der sich nach den vorstehenden Vorschriften ergibt, widerruflich bewilligt werden.

Art. 62.[18]) Außer den gesetzlichen Versorgungsansprüchen dürfen dem Volksschullehrer mit Bezug auf seine hauptamtliche Dienstleistung Ansprüche auf sonstige Ruhegehalte oder Ruhegehaltszulagen, Wartegelder oder ähnliche Versorgungsbezüge nicht gewährt werden. Die Einräumung von Versorgungsansprüchen aus Nebenbezügen bedarf der Genehmigung des zuständigen Staatsministeriums.

Art. 63. Die Anstellungsbehörde verfügt die Versetzung in den Ruhestand. Sie setzt den Ruhegehalt fest und verfügt die Einziehung, Kürzung und Wiedergewährung des Ruhegehalts.

Art. 64. Der in den Ruhestand versetzte Volksschullehrer ist befugt, die bisherige Standesbezeichnung mit dem Beisatz „außer Dienst" weiterzuführen.

Diese Befugnis kann dem widerruflichen Volksschullehrer jederzeit entzogen werden. Dem unwiderruflichen Volksschullehrer kann sie nur im Amtsstrafverfahren entzogen werden.

Die Befugnis des Volksschullehrers zur Führung eines anderen ihm verliehenen Titels bleibt unberührt.

Abschnitt V.

Fürsorge für die Hinterbliebenen der ständigen Volksschullehrer.

A. Sterbegehalt.

Art. 65.[19]) Stirbt der ständige Volksschullehrer im Dienste, so erhalten die Witwe und die ehelichen oder legitimierten Kinder für das auf den Sterbemonat folgende Vierteljahr noch das volle Diensteinkommen des Volksschullehrers als Sterbegeld. Der schon zu Lebzeiten des Volksschullehrers erhobene Barbetrag wird abgezogen.

Stirbt der Volksschullehrer im Ruhestande, so erhalten die Witwe und die ehelichen oder legitimierten Kinder für das auf den Sterbemonat folgende Vier-

[17a]) In der Fassung des Art. 2 des Ges. v. 10. Juli 1927 (GVBl. S. 227).

[18]) In der Fassung des Gesetzes vom 1. August 1923 (GVBl. S. 337).

[19]) In der Fassung des Art. 62 des Beamtenbesoldungsges. vom 2. Juni 1920 (GVBl. S. 275).

teljahr noch den vollen Ruhegehalt des Volksschullehrers als Sterbegehalt. Abs. I Satz 2 gilt entsprechend.

Art. 66. Wenn der Volksschullehrer weder eine Witwe noch eheliche oder legitimierte Kinder hinterlassen hat, kann der Sterbegehalt nach Art. 65 ganz oder teilweise auch bedürftigen Eltern, Großeltern, Geschwistern, Geschwisterkindern, Enkeln, Stief- oder Pflegekindern oder an Kindes Statt angenommenen Kindern gewährt werden, die der Verstorbene ganz oder überwiegend unterhalten hat.

Der Sterbegehalt kann, wenn weder eine Witwe noch eheliche oder legitimierte Kinder vorhanden sind, ganz oder teilweise auch dann gewährt werden, wenn der Nachlaß nicht ausreicht, um die Kosten der letzten Krankheit und der Beerdigung zu decken.

Art. 67. Die Anstellungsbehörde setzt den Sterbegehalt fest. An wen der Sterbegehalt rechtswirksam zu zahlen und wie er unter mehrere Beteiligte zu verteilen ist, wird durch nähere Vorschriften des zuständigen Staatsministeriums bestimmt. Der Sterbegehalt kann weder abgetreten noch verpfändet werden.

B. Witwen- und Waisengeld.

Art. 68. Die Witwe und die ehelichen oder legitimierten Kinder des unwiderruflichen Volksschullehrers, der zur Zeit seines Todes einen Ruhegehalt bezog oder dazu berechtigt gewesen wäre, haben Anspruch auf Witwen- und Waisengeld.

Art. 69.[20]) Das Witwengeld beträgt jährlich sechzig vom Hundert des Ruhegehalts, zu dessen Bezug der verstorbene Volksschullehrer berechtigt gewesen ist oder berechtigt gewesen wäre, wenn er am Todestag in den Ruhestand versetzt worden wäre. Der Berechnung des Witwengeldes darf jedoch in keinem Falle ein höherer Betrag als achtzig vom Hundert des versorgungsfähigen Diensteinkommens des Volksschullehrers zugrunde gelegt werden.

Art. 70. Das Waisengeld beträgt jährlich:

1. für jedes Kind, dessen Mutter noch lebt und zur Zeit des Todes des Volksschullehrers zum Bezuge von Witwengeld berechtigt war, ein Fünftel des Witwengeldes;
2. für jedes Kind, dessen Mutter nicht mehr lebt oder zur Zeit des Todes des Volksschullehrers zum Bezug von Witwengeld nicht berechtigt war, ein Drittel des Witwengeldes.

Art. 71. Witwen- und Waisengeld dürfen zusammen den Betrag des Ruhegehalts nicht übersteigen, zu dessen Bezug der verstorbene Volksschullehrer berechtigt gewesen ist oder berechtigt gewesen wäre, wenn er am Todestag in den Ruhestand versetzt worden wäre. Art. 69 Satz 2 gilt entsprechend.

Ergibt sich an Witwen- und Waisengeld zusammen ein höherer Betrag, so werden die einzelnen Beträge im gleichen Verhältnisse gekürzt.

Nach dem Ausscheiden eines Berechtigten erhöht sich das Witwen- oder Waisengeld der verbleibenden Berechtigten vom Beginne des folgenden Monats an bis zu dem vollen Betrage, der ihnen nach den Art. 69, 70 und 71 Abs. I gebührt. Das gleiche gilt im Falle des Art. 78, solange ein Berechtigter vorübergehend ausscheidet.

Art. 72.[21]) War die Witwe um mehr als fünfzehn Jahre jünger als der verstorbene Volksschullehrer, so wird das nach den Art. 69 und 71 Abs. I und II berechnete Witwengeld für jedes angefangene Jahr des Altersunterschiedes von mehr als fünfzehn bis zu fünfundzwanzig Jahren einschließlich um ein Zwanzigstel gekürzt. Bruchteile von Jahren werden für volle Jahre gerechnet. Nach

---

[20]) In der Fassung des Art. 3 d. Ges. v. 9. Januar 1923 (GVBl. S. 7), sowie Art. 3 d. Ges. vom 29. August 1923 (GVBl. S. 309).

[21]) In der Fassung des Art. 62 des Beamtenbesoldungsges. v. 2. Juni 1920 (GVBl. S. 275), Art. 3 d. Ges. v. 16. Dezember 1921 (GVBl. 1923 S. 1), Art. 3 d. Ges. v. 9. Januar 1923 (GVBl. S. 7), Art. 3 des Ges. v. 29. August 1923 (GVBl. S. 309).

fünfjähriger Dauer der Ehe wird für jedes angefangene Jahr ihrer weiteren Dauer dem verkürzten Betrag ein Zehntel des nach den Art. 69 und 71 Abs. I und II berechneten Witwengeldes solange hinzugesetzt, bis der volle Betrag wieder erreicht ist.

Die Kürzung unterbleibt, soweit dadurch das Witwengeld unter ein Drittel des niedrigsten versorgungsfähigen Diensteinkommens der Besoldungsgruppe A I (Anlage 1 zum Beamtenbesoldungsgesetze) herabsinken würde.

Auf die Berechnung des Waisengeldes nach Art. 70 ist diese Kürzung des Witwengeldes ohne Einfluß.

Art. 73. Liegen die Voraussetzungen einer Kürzung sowohl nach Art. 71 als auch nach Art. 72 vor, so wird zunächst das Witwen- und Waisengeld nach Art. 71 und erst dann das Witwengeld nach Art. 72 gekürzt, sodann aber der nach Art. 72 am Witwengeld gekürzte Betrag dem nach Art. 71 gekürzten Waisengelde hinzugesetzt, bis sein voller Betrag wieder erreicht ist.

Art. 74. Die Witwe und die Waisen eines Volksschullehrers aus einer Ehe, die erst nach der Versetzung des Volksschullehrers in den dauernden Ruhestand geschlossen worden ist, haben keinen Anspruch auf Witwen- und Waisengeld.

Art. 75. Der Anspruch auf Witwen- und Waisengeld beginnt mit dem Ablaufe der Zeit, für die der Sterbegehalt gewährt wurde, für Waisen, die erst nach dem Ablaufe dieser Zeit geboren wurden, mit dem Beginne des Monats der Geburt.

Ist ein Volksschullehrer verschollen, so kann die Anstellungsbehörde seinen Hinterbliebenen das Witwen- und Waisengeld, das ihnen im Falle seines Todes auf Grund dieses Gesetzes zustehen würde, bereits vor der Todeserklärung widerruflich gewähren, wenn mit hoher Wahrscheinlichkeit anzunehmen ist, daß der verschollene Volksschullehrer gestorben ist. Die Anstellungsbehörde bestimmt den Tag, an dem die Zahlung des Witwen- und Waisengeldes in diesem Falle beginnt.

Art. 76. Das Witwen- und Waisengeld wird monatlich vorausbezahlt.

Art. 77.[21a]) Der Anspruch auf Witwen- und Waisengeld erlischt:

1. für jeden Berechtigten mit dem Ablaufe des Monats, in dem er sich verheiratet oder stirbt, außerdem
2. für jede Waise mit dem Ablaufe des Monats, in dem sie das einundzwanzigste Lebensjahr vollendet.

Art. 78. Der Anspruch auf Witwen- und Waisengeld ruht, solange der Berechtigte der deutschen Reichsangehörigkeit verlustig ist.

Art. 79.[22]) Wenn einem Berechtigten aus einer anderweitigen Verwendung des verstorbenen Volksschullehrers im Sinne des Art. 58 Abs. I ein Versorgungsbezug zusteht, wird das Witwen- und Waisengeld so weit gekürzt, als es zusammen mit dem Versorgungsbezuge den Betrag übersteigt, der sich für den Berechtigten nach den Vorschriften dieses Gesetzes ergibt, wenn der Ruhegehalt des verstorbenen Volksschullehrers nach der gesamten Dienstzeit unter Hinzurechnung der Zeit der anderweitigen Verwendung berechnet wird. Art. 44 Ziff. 3 Abs. 3 des Beamtengesetzes gilt entsprechend.

Wenn ein Berechtigter im Staats- oder in einem sonstigen öffentlichen Dienste verwendet ist, wird

a) das Witwengeld, soweit es unter Hinzurechnung des Diensteinkommens das Diensteinkommen übersteigt, das der Verstorbene im Zeitpunkte des Ausscheidens aus dem Dienst bezogen hat.

[21a]) In der Fassung des Art. 2 des Ges. v. 10. Juli 1927 (GVBl. S. 227).

[22]) In der Fassung des Art. 25 des Pensionsergänzungsges. v. 23. März 1921 (GVBl. S. 117), Art. 3 des Ges. v. 16. Dezember 1921 (GVBl. 1923 S. 1), Art. 3 des Ges. vom 9. Januar 1923 (GVBl. S. 7), Art. 3 des Ges. vom 29. August 1923 (GVBl. S. 309), Art. 2 des Ges. vom 10. Juli 1927 (GVBl. S. 227).

b) das Waisengeld, soweit es unter Hinzurechnung des Diensteinkommens die Hälfte des Diensteinkommens (a) übersteigt,

gekürzt. Erdient die Witwe aus einer solchen Verwendung eine Versorgung (Wartegeld, Ruhegehalt oder einen ähnlichen Bezug), so wird das nach diesem Gesetze berechnete Witwengeld so weit gekürzt, als diese unter Hinzurechnung des Witwengeldes neunzig vom Hundert des Diensteinkommens (Satz 1 Buchst. a) übersteigt. Art. 44 Ziff. 3 Abs. 2, 3 des Beamtengesetzes gilt entsprechend.

Art. 80. Für die Einziehung, Kürzung und Wiedergewährung des Witwen- und Waisengeldes gilt Art. 59 entsprechend.

Art. 81. Der Jahresbetrag des Witwen- und Waisengeldes wird, wenn nötig, auf den nächsten durch drei teilbaren Markbetrag aufgerundet. Wenn das Witwen- oder Waisengeld nach Art. 71 oder 72 oder nach beiden Vorschriften zu kürzen ist, wird erst nach der Kürzung aufgerundet.

Art. 82. Die Witwe und die ehelichen oder legitimierten Kinder des widerruflichen ständigen Volksschullehrers erhalten Witwen- und Waisengeld nach den Vorschriften der Art. 69 bis 81, wenn der verstorbene Volksschullehrer im Zeitpunkte seines Todes auf Grund des Art. 61 einen Ruhegehalt bezogen hat oder wenn ihm nach Art. 61 ein Ruhegehalt hätte gewährt werden können, falls er im Zeitpunkte seines Todes in den Ruhestand versetzt worden wäre.

Das Witwen- und Waisengeld wird nach dem vollen Betrage des Ruhegehalts bemessen, der sich für den verstorbenen Volksschullehrer nach den Vorschriften der Art. 43, 44, 46 bis 51 ergeben hätte, auch wenn dem verstorbenen Volksschullehrer selbst auf Grund des Art. 61 ein geringerer Ruhegehalt angewiesen war.

Art. 83. Unter den Voraussetzungen der Art. 68 und 82 kann die Anstellungsbehörde mit Genehmigung des zuständigen Staatsministeriums erwerbsunfähigen ledigen Waisen eines ständigen Volksschullehrers, die das einundzwanzigste Lebensjahr vollendet haben und der Unterstützung bedürfen, fortlaufende Unterhaltsbeiträge bis zur Höhe des Waisengeldes gewähren, das sich nach den Vorschriften dieses Gesetzes berechnet.

Art. 84.[23]) Außer den gesetzlichen Versorgungsansprüchen dürfen den Hinterbliebenen des Volksschullehrers Ansprüche auf sonstige Versorgungsbezüge mit Bezug auf die hauptamtliche Dienstleistung des Volksschullehrers nicht gewährt werden.

Art. 85. Die Anstellungsbehörde setzt das Witwen- und Waisengeld fest und bestimmt, an wen es zu zahlen ist. Sie verfügt die Einziehung, Kürzung und Wiedergewährung.

Abschnitt VI.

Unfallfürsorge.

Art. 86. Der Volksschullehrer, der durch einen in Ausübung des Dienstes erlittenen Unfall (Dienstunfall) dauernd dienstunfähig geworden ist, erhält als Ruhegehalt zwei Drittel seines jährlichen Diensteinkommens (Art. 89).

Ist er infolge des Dienstunfalls nicht dauernd dienstunfähig, aber in seiner Erwerbsfähigkeit beeinträchtigt, so erhält er bei der Entlassung aus dem Dienste als Ruhegehalt:

1. solange er völlig erwerbsunfähig ist, den im Abs. I bezeichneten Betrag,
2. solange er teilweise erwerbsunfähig ist, den der Einbuße an Erwerbsfähigkeit entsprechenden Teil dieses Betrags.

Solange er infolge des Dienstunfalls nicht nur völlig dienst- oder erwerbsunfähig, sondern auch so hilflos ist, daß er nicht ohne fremde Wartung und Pflege bestehen kann, ist der Ruhegehalt bis zum vollen Betrage des Diensteinkommens zu erhöhen.

---

[23]) In der Fassung des Ges. vom 1. August 1923 (GVBl. S. 337)

Solange er infolge des Dienstunfalls tatsächlich und unverschuldet erwerbslos ist, kann der Ruhegehalt im Falle des Abs. II Nr. 2 vorübergehend bis zum vollen Betrage nach Abs. I erhöht werden.

Wenn dem Verletzten nach den Vorschriften der Abschnitte IV oder XVI ein höherer Versorgungsbezug zusteht, erhält er diesen.

Dem Verletzten werden außerdem die Kosten der Krankenbehandlung nach § 558 Nr. 1 der Reichsversicherungsordnung ersetzt.

Art. 87.[24]) Ist der Volksschullehrer infolge eines Dienstunfalles gestorben, so erhalten die im Abs. III bezeichneten Hinterbliebenen Sterbegehalt und Hinterbliebenenrente.

Als Sterbegehalt wird, wenn nicht Art. 65 zutrifft, ein Monatsbetrag des Diensteinkommens (Art. 89) oder des Ruhegehalts des verstorbenen Volksschullehrers gewährt. Die Vorschriften der Art. 65 Abs. I Satz 2 und 67 gelten entsprechend.

Die Hinterbliebenenrente beträgt jährlich:

1. für die Witwe und für jedes Kind ein Fünftel des monatlichen Diensteinkommens des Verstorbenen, jedoch für die Witwe nicht unter 216 Reichsmark und nicht mehr als 2160 Reichsmark und für jedes Kind nicht unter 126 Reichsmark und nicht mehr als 540 Reichsmark;
2. für bedürftige Verwandte der aufsteigenden Linie, die der verstorbene Volksschullehrer ganz oder überwiegend unterhalten hat, insgesamt ein Fünftel des jährlichen Diensteinkommens, jedoch nicht unter 126 Reichsmark und nicht mehr als 540 Reichsmark; sind mehrere Berechtigte dieser Art vorhanden, so wird die Rente den Eltern vor den Großeltern gewährt;
3. für bedürftige elternlose Enkel, die der verstorbene Volksschullehrer ganz oder überwiegend unterhalten hat, insgesamt ein Fünftel des monatlichen Diensteinkommens, jedoch nicht unter 126 Reichsmark und nicht mehr als 540 Reichsmark.

Die Renten dürfen insgesamt drei Fünftel des Diensteinkommens nicht übersteigen. Ergibt sich ein höherer Betrag, so haben die Verwandten der aufsteigenden Linie nur soweit einen Anspruch, als die Renten der Witwe und der Kinder den Höchstbetrag nicht erreichen, die Enkel nur soweit, als die Renten der Witwe, der Kinder und der Verwandten der aufsteigenden Linie den Höchstbetrag nicht erreichen. Soweit die Renten der Witwe und der Kinder den zulässigen Höchstbetrag überschreiten, werden die einzelnen Renten im gleichen Verhältnisse gekürzt. Beim Ausscheiden eines Berechtigten erhöht sich die Rente der übrigen vom nächstfolgenden Monat an bis zum vollen Betrage, der ihnen nach den vorstehenden Vorschriften gebührt.

Wenn der Witwe oder den Kindern nach den Vorschriften der Abschnitte V oder XVI höhere Versorgungsbezüge zustehen, erhalten sie diese.

Die Witwe hat keinen Anspruch, wenn die Ehe erst nach dem Dienstunfalle geschlossen worden ist. Bei besonderen Verhältnissen kann jedoch auch in diesem Falle eine Rente gewährt werden.

Art. 88. Als Dienstunfall gilt auch ein Unfall bei Ausübung eines Dienstes, den der Volksschullehrer neben der hauptberuflichen Beschäftigung auf Grund der Vorschriften dieses Gesetzes oder auf Anordnung eines Vorgesetzten zu verrichten hat.

Art. 89.[25]) Als Diensteinkommen nach den Vorschriften dieses Abschnitts

---

[24]) In der Fassung des Art. 25 des Pensionsergänzungsges. v. 23. März 1921 (GVBl. S. 117), Art. 3 d. Ges. v. 9. Januar 1923 (GVBl. S. 7) und Art. 3 des Gesetzes vom 29. August 1923 (GVBl. S. 309) und Art. 4 des Ges. vom 29. Febr. 1924 (GVBl. S. 117); wegen Umstellung auf Reichsmark vgl. VO. vom 25. Nov. 1925 (GVBl. S. 265).

[25]) In der Fassung des Art. 62 des BBG. v. 2. Juni 1920 (GVBl. S. 275), sowie durch Art. 25 des Pensionserg.-Ges. v. 23. August 1921 (GVBl. S. 117), sowie Art. 3 des Ges. v. 9. Januar 1923 (GVBl. S. 7).

gilt beim ständigen Volksschullehrer das gesamte dienstliche Einkommen, das er zuletzt bezogen hat.

Bei unständigen Volksschullehrern wird das geringste Diensteinkommen eines ständigen Volksschullehrers der Berechnung zugrunde gelegt, soweit nicht die Art. 90 oder 98 Nr. 1 zutreffen.

Bei der Feststellung des Diensteinkommens werden wiederkehrende Nebenbezüge aus dem Hauptamt angerechnet. Der Ortszuschlag wird mit dem versorgungsfähigen Satze angerechnet.

Art. 90.[26]) Erreicht das jährliche Diensteinkommen nach Art. 89 nicht den dreihundertfachen Betrag des für den Beschäftigungsort festgelegten Ortslohnes Erwachsener nach den §§ 149 bis 152 der Reichsversicherungsordnung, so wird dieser Betrag zugrunde gelegt. Die Bestimmungen der Reichsversicherungsordnung, wonach bei Bemessung der Unfallrente der Jahresarbeitsverdienst nur zu einem Teil angerechnet wird, finden entsprechende Anwendung.

Art. 91. Ist das für die Berechnung der Hinterbliebenenrente maßgebende Diensteinkommen infolge eines Unfalls, den der verstorbene Volksschullehrer früher erlitten und für den er nach den reichsgesetzlichen Vorschriften über Unfallversicherung oder nach den Vorschriften über Unfallfürsorge eine Entschädigung bezogen hatte, geringer als das Diensteinkommen oder Arbeitsentgelt vor diesem Unfalle, so wird die Entschädigung, die der Volksschullehrer wegen des früheren Unfalls bei Lebzeiten bezogen hatte, bis zur Höhe des ihrer Berechnung zugrunde gelegten Diensteinkommens oder Jahresarbeitsverdienstes dem Diensteinkommen hinzugerechnet.

Art. 92. Der Anspruch auf den Ruhegehalt nach Art. 86 beginnt mit dem Wegfalle des Diensteinkommens, der Anspruch auf Hinterbliebenenrente mit dem Ablaufe der Zeit, für die der Sterbegehalt nach Art. 65 oder nach Art. 87 bezogen worden ist.

Der Anspruch auf den Ruhegehalt nach Art. 86 erlischt mit dem Ablaufe des Monats, in dem der Volksschullehrer stirbt oder die Voraussetzungen für die Bewilligung des Ruhegehalts wegfallen.

Der Anspruch auf Hinterbliebenenrente erlischt:

1. für jeden Berechtigten mit dem Ablaufe des Monats, in dem er sich verheiratet oder stirbt, außerdem
2. für jedes Kind mit dem Ablaufe des Monats, in dem es das einundzwanzigste Lebensjahr vollendet,
3. für die Verwandten der aufsteigenden Linie und für die elternlosen Enkel mit dem Ablaufe des Monats, in dem die Bedürftigkeit wegfällt,
4. für die elternlosen Enkel mit dem Ablaufe des Monats, in dem sie das achtzehnte Lebensjahr vollenden.

Die Anstellungsbehörde kann der Witwe bei der Wiederverheiratung auf Ansuchen einen einmaligen Unterhaltsbeitrag bis zum fünffachen Jahresbetrage der Witwenrente nach Art. 87 Abs. III Nr. 1 gewähren.

Art. 93. Ein Anspruch auf Unfallfürsorge besteht nicht, wenn der Volksschullehrer den Unfall vorsätzlich oder durch ein Verschulden herbeigeführt hat, wegen dessen auf Dienstentlassung oder auf den Verlust der Standesbezeichnung und des Ruhegehaltsanspruchs erkannt oder dem Volksschullehrer die Fähigkeit zur Beschäftigung in einem öffentlichen Dienstzweig aberkannt worden ist. Auf Dienstentlassung und auf den Verlust der Standesbezeichnung und des Ruhegehaltsanspruchs mit der Folge, daß der Anspruch auf Unfallfürsorge erlischt, kann auch gegen widerrufliche Volksschullehrer nur im Amtsstrafverfahren erkannt werden.

Die Unfallfürsorge kann auch dann ganz oder teilweise versagt werden, wenn eine Entscheidung nach Abs. I nicht ergangen ist, weil das Verfahren

---

[26]) In der Fassung des Art. 25 des Pensionserg.-Ges. v. 23. März 1921 (GVBl. S. 117).

wegen des Todes oder der Abwesenheit des Volksschullehrers oder aus einem anderen in seiner Person liegenden Grunde nicht durchgeführt werden kann.

Art. 94. Der Anspruch auf Unfallfürsorge nach den Art. 86 bis 88 muß, soweit er nicht von Amts wegen festgestellt wird, bei Vermeidung des Ausschlusses binnen zwei Jahren nach dem Unfalle bei der zuständigen Dienstbehörde angemeldet werden.

Die Frist ist auch gewahrt, wenn der Anspruch rechtzeitig bei der für den Wohnort des Entschädigungsberechtigten zuständigen Gemeindebehörde angemeldet wird. Die Anmeldung ist in diesem Falle unverzüglich an die zuständige Dienstbehörde abzugeben; der Beteiligte ist zu benachrichtigen.

Nach Ablauf der Frist kann der Anspruch noch geltend gemacht werden, wenn

1. eine neue Folge des Unfalls, die einen Entschädigungsanspruch begründet, erst später, oder eine innerhalb der Frist eingetretene Folge erst nach Ablauf der Frist in wesentlich höherem Maße, wenn auch in allmählicher gleichmäßiger Entwicklung des Leidens, bemerkbar geworden ist, oder wenn
2. der Berechtigte an der Anmeldung durch Verhältnisse verhindert worden ist, die außerhalb seines Willens liegen.

In den Fällen des Abs. III muß der Anspruch bei Vermeidung des Ausschlusses binnen drei Monaten angemeldet werden, nachdem die neue Unfallfolge oder die wesentliche Verschlimmerung bemerkbar geworden oder das Hindernis weggefallen ist.

Jeder Unfall, der von Amts wegen oder durch die Anmeldung der Beteiligten einer vorgesetzten Dienstbehörde bekannt wird, ist sofort zu untersuchen. Den Beteiligten ist Gelegenheit zu geben, persönlich oder durch Vertreter ihre Rechte bei der Untersuchung zu wahren.

Art. 95. Soweit in diesem Abschnitte nichts anderes bestimmt ist, gelten für die Versorgungsbezüge nach den Art. 86 und 87 die allgemeinen Vorschriften dieses Gesetzes über den Ruhegehalt der Volksschullehrer und die Versorgungsbezüge ihrer Hinterbliebenen. Für die Renten der Verwandten der aufsteigenden Linie und der Enkel gelten diese Vorschriften entsprechend.

Die Versorgungsbezüge nach den Art. 86 und 87 treten an die Stelle der Versorgungsbezüge nach den Vorschriften der Abschnitte IV, V und XVI. Die Art. 86 Abs. V und Art. 87 Abs. V bleiben vorbehalten.

Art. 96. Der Volksschullehrer und seine Hinterbliebenen (Art. 87) haben wegen eines Dienstunfalls keine weiteren Ansprüche gegen den bayerischen Staat, als dieses Gesetz bestimmt, auch wenn ihnen kein Anspruch auf Ruhegehalt oder Hinterbliebenenrente zusteht.

Die Vorschriften des Reichshaftpflichtgesetzes vom 7. Juni 1871 bleiben vorbehalten.

Art. 97. Ansprüche auf Ersatz des Unfallschadens, die dem Volksschullehrer oder seinen Hinterbliebenen auf Grund gesetzlicher Vorschrift gegen Dritte zustehen, gehen bis zur Höhe der Leistungen, die ihnen nach diesem Gesetze zukommen, auf den Staat über.

Art. 98. Ist ein Volksschullehrer in einem Betriebe beschäftigt, der reichsgesetzlich der Unfallversicherung unterliegt, so gelten außer den Vorschriften dieses Abschnitts und des § 14 Satz 1 des Reichs-Unfallfürsorgegesetzes vom 18. Juni 1901 noch folgende besondere Vorschriften:

1. Wenn im Falle des Art. 90 der dreihundertfache Betrag des Ortslohnes Erwachsener geringer ist als der Jahresarbeitsverdienst, den während des letzten Jahres vor dem Unfalle Personen bezogen haben, die mit Arbeiten derselben Art in demselben Betrieb oder in benachbarten gleichartigen Betrieben beschäftigt waren, so wird dieser Jahresarbeitsverdienst zugrunde gelegt. Art. 90 Satz 2 gilt entsprechend.
2. Der Volksschullehrer und seine Hinterbliebenen (Artikel 87) haben wegen eines im Dienste erlittenen Betriebsunfalls einen Anspruch auf Schaden-

ersatz aus bayerischen Landesgesetzen gegen die im § 10 des Reichs-Unfallfürsorgegesetzes bezeichneten Personen nur nach den Vorschriften der §§ 10 und 11 dieses Reichsgesetzes, auch wenn ihnen kein Anspruch auf Ruhegehalt oder Hinterbliebenenrente zusteht.

3. Art. 96 Abs. II gilt nur soweit, als § 14 des Reichs-Unfallfürsorgegesetzes nicht entgegensteht.

Abschnitt VII.

Fürsorge für vormalige unwiderrufliche Volksschullehrer, ihre Familien und Hinterbliebenen.

Art. 99. Das zuständige Staatsministerium kann vormaligen unwiderruflichen Volksschullehrern, die den Anspruch auf Ruhegehalt durch freiwilliges Ausscheiden aus dem Dienste oder infolge strafgerichtlichen Urteils verloren haben, sowie ihren Familien oder Hinterbliebenen bei nachgewiesener Bedürftigkeit widerrufliche Unterhaltsbeiträge gewähren.

Der Unterhaltsbeitrag für den Volksschullehrer oder seine Familie soll in der Regel die Hälfte des Betrages nicht übersteigen, den der Volksschullehrer als Ruhegehalt erhalten würde, wenn er im Zeitpunkte des Ausscheidens aus dem Dienste in den Ruhestand versetzt worden wäre. Der Unterhaltsbeitrag für die Hinterbliebenen soll in der Regel die Hälfte der Beträge nicht übersteigen, die sie als Witwen- und Waisengeld erhalten würden, wenn der Volksschullehrer im Zeitpunkte des Ausscheidens aus dem Dienste gestorben wäre.

Abschnitt VIII.

Dienstaufsicht und Dienststrafrecht.

A. Dienstaufsicht.

Art. 100.[27])

Art. 101. Das zuständige Staatsministerium erläßt die Vorschriften über die dienstliche Beurteilung der Volksschullehrer.

Der Volksschullehrer kann verlangen, daß ihm die Einträge in seinem Beurteilungsbogen bekanntgegeben werden. Er kann gegen die Einträge Beschwerde zur nächsthöheren Dienstbehörde erheben.

Art. 102. Jeder Vorgesetzte kann dem Volksschullehrer mündlich oder schriftlich Ermahnungen oder Warnungen erteilen.

Art. 103. Die zuständige Dienstbehörde kann einem Volksschullehrer für den Fall, daß er ein Amtsgeschäft nicht binnen bestimmter Frist erledigt, die Absendung eines Wartboten auf seine Kosten oder Zwangsstrafen androhen. Läßt er die Frist verstreichen, so kann die Androhung ohne weiteres verwirklicht werden.

Die Zwangsstrafen dürfen für den gleichen Anlaß insgesamt fünfzig Mark[27a]) nicht übersteigen.

Die zuständige Dienstbehörde kann einem säumigen Volksschullehrer auf seine Kosten zur Erledigung rückständiger Amtsgeschäfte eine Dienstaushilfe beigeben.

Das zuständige Staatsministerium erläßt die Vorschriften über die Zuständigkeit für die Maßnahmen nach Abs. I und III, über die Beitreibung der Kosten für Wartboten und Dienstaushilfen sowie über die Vollstreckung der Zwangsstrafen.

Die Strafgelder werden nach näherer Anordnung des zuständigen Staatsministeriums den Wohlfahrtseinrichtungen für die Volksschullehrer oder ihre Hinterbliebenen überwiesen.

---

[27]) Aufgehoben durch § 34 des Schulaufsichtsgesetzes vom 1. August 1922 (GVBl. S. 385).

[27a]) Siehe Art. 6 des Gesetzes vom 29. Februar 1924 zur neunten Änderung des Beamtenbesoldungsgesetzes usw. (GVBl. S. 117) und § 1 der VO. über die Durchführung des Reichsmünzgesetzes vom 25. Nov. 1925 (GVBl. S. 265).

B. Dienststrafrecht für unwiderrufliche Volksschullehrer im Dienste.

1. Dienstvergehen und Dienststrafen.

Art. 104. Der Volksschullehrer, der seine Pflichten schuldhaft verletzt, macht sich eines Dienstvergehens schuldig.

Art. 105. Die Strafen für Dienstvergehen sind Ordnungsstrafen oder Amtsstrafen.

Art. 106.[28]) Die Ordnungsstrafen sind:

1. Verweis,
2. Geldstrafe bis zum Monatsbetrage des Grundgehalts.

Die Geldstrafe darf auch beim rechtlichen Zusammentreffen mehrerer Dienstvergehen den Höchstbetrag nicht überschreiten.

Art. 103 Abs. V ist anzuwenden.

Art. 107. Die Amtsstrafen sind:

1. Aberkennung eines Gehaltsteiles,
2. Strafversetzung,
3. Dienstentlassung.

Art. 108.[29]) Die Aberkennung eines Gehaltsteiles besteht darin, daß der Grundgehalt und der Ortszuschlag samt den Teuerungszuschlägen hieraus dauernd oder auf bestimmte Zeit bis zu höchstens einem Fünftel eingezogen wird.

Die aberkannten Gehaltsbeträge werden nach näherer Anordnung des zuständigen Staatsministeriums den Wohlfahrtseinrichtungen für die Volksschullehrer oder ihre Hinterbliebenen überwiesen.

Art. 109.[30]) Mit der Strafversetzung kann die Einreihung in eine niedrigere Besoldungsgruppe verbunden werden. Dabei darf sich der Grundgehalt nicht um mehr als ein Fünftel vermindern.

Befindet sich der Volksschullehrer in einer Beförderungsstelle, so kann bei der Strafversetzung auch die Amtsbezeichnung der Beförderungsstelle aberkannt werden.

Wird nicht nach Abs. I Satz 1 verfahren, so kann mit der Strafversetzung eine Geldstrafe verbunden werden, die den dritten Teil des zuletzt bezogenen jährlichen Grundgehalts nicht übersteigen darf.

Der Volksschullehrer hat bei der Strafversetzung keinen Anspruch auf Umzugskosten.

Art. 110. Mit der Dienstentlassung verliert der Volksschullehrer den Anspruch auf das Diensteinkommen und auf die Standesbezeichnung sowie den Anspruch auf Ruhestands- und Hinterbliebenenversorgung.

Ist das Dienstvergehen aus besonderen Gründen milder zu beurteilen, so kann dem Volksschullehrer im Urteile des Disziplinargerichts auf Lebenszeit oder auf bestimmte Zeit der Ruhegehalt ganz oder teilweise zugesprochen werden, der ihm gebühren würde, wenn er im Zeitpunkte der Dienstentlassung in den Ruhestand versetzt würde. Unter den gleichen Voraussetzungen kann im Urteile seinen Hinterbliebenen der Anspruch auf Versorgung beschränkt oder unbeschränkt vorbehalten werden.

Liegen berücksichtigenswerte Verhältnisse vor, so kann das zuständige Staatsministerium dem Volksschullehrer oder seiner Familie ausnahmsweise sofort oder später einen widerruflichen Unterhaltsbeitrag gewähren oder den nach Abs. II Satz 1 zugesprochenen Ruhegehalt widerruflich erhöhen. Unter den gleichen Voraussetzungen kann das zuständige Staatsministerium den Hinterbliebenen

---

[28]) In der Fassung des Art. 62 des Beamtenbesoldungsgesetzes v. 2. Juni 1920 (GVBl. S. 275).

[29]) In der Fassung des Art. 62 des Beamtenbesoldungsgesetzes v. 2. Juni 1920 (GVBl. S. 275).

[30]) In der Fassung des Art. 62 des Beamtenbesoldungsgesetzes v. 2. Juni 1920 (GVBl. S. 275) sowie durch Gesetz v. 1. August 1923 (GVBl S. 337).

des Volksschullehrers ausnahmsweise einen widerruflichen Unterhaltungsbeitrag gewähren oder die nach Abs. II Satz 2 zugesprochenen Versorgungsbezüge erhöhen. Art. 99 Abs. II gilt entsprechend.

Art. 111. Für die Wahl der Strafe (Art. 105 bis 110) ist die Schwere des Dienstvergehens maßgebend. Dabei ist auf die gesamte Führung des Beschuldigten besondere Rücksicht zu nehmen.

Art. 112. Hat der Volksschullehrer während eines früheren Dienstverhältnisses als öffentlicher Beamter ein Dienstvergehen begangen, so unterliegt er auch hierwegen den Vorschriften dieses Gesetzes.

Eine Handlung, die der Volksschullehrer vor dem Eintritt in den öffentlichen Dienst zu einer Zeit begangen hat, in der er weder Volksschullehrer noch öffentlicher Beamter war, kann im Dienststrafverfahren nur verfolgt werden, wenn sie eine Amtsstrafe begründet.

Art. 113. Die Verfolgung der Dienstvergehen verjährt in fünf Jahren.

Verstößt die Tat auch gegen ein Strafgesetz, so verjährt die Verfolgung des Dienstvergehens nicht früher als die der Straftat.

Jede Handlung des Strafrichters, des im Amtsstrafverfahren zuständigen Richters, des mit der Führung der Voruntersuchung beauftragten Beamten oder des von ihm ersuchten Gerichts oder Beamten, die wegen der Tat gegen den Täter gerichtet ist, unterbricht die Verjährung. Nach der Unterbrechung beginnt eine neue Verjährung.

Art. 114. Das Dienststrafverfahren wird eingestellt, wenn der Beschuldigte unter Verzicht auf das Diensteinkommen und die Standesbezeichnung sowie auf Ruhestands- und Hinterbliebenenversorgung um die Entlassung aus dem öffentlichen Volksschuldienste nachsucht, vorausgesetzt, daß er nicht mit Dienstgeschäften schuldhaft im Rückstand ist.

Art. 115. Hat der Staatsanwalt in einem Strafverfahren die öffentliche Klage erhoben oder ist in einem militärgerichtlichen Verfahren die Anklage verfügt worden, so darf vor Beendigung dieses Verfahrens gegen den Beschuldigten wegen der nämlichen Tatsachen ein Dienststrafverfahren weder eingeleitet noch fortgesetzt werden.

Ist wegen Abwesenheit des Beschuldigten die vorläufige Einstellung des Strafverfahrens beschlossen, so kann das Dienststrafverfahren von der Einstellung an eingeleitet oder fortgesetzt werden.

Art. 116. Ist der Volksschullehrer von den Strafgerichten freigesprochen, so ist wegen der Tatsachen, die im strafrechtlichen Verfahren abgeurteilt wurden, ein Dienststrafverfahren nur noch statthaft, wenn diese Tatsachen an sich und ohne Beziehung zum gesetzlichen Tatbestande der strafbaren Handlung, auf die sich das Strafverfahren erstreckte, ein Dienstvergehen enthalten.

Die Freisprechung wegen Verjährung im strafrechtlichen Verfahren schließt die Einleitung oder Fortsetzung eines Dienststrafverfahrens nicht aus, solange nicht die Verfolgung des Dienstvergehens nach Art. 113 verjährt ist.

Ist der Volksschullehrer von den Strafgerichten verurteilt worden, so kann von da an das Dienststrafverfahren eingeleitet oder fortgesetzt werden, wenn die Verurteilung nicht den Verlust des Amtes zur Folge hatte.

Art. 117. Vermerke über Dienststrafen sind nach einer angemessenen Bewährungsfrist zu löschen. Das zuständige Staatsministerium erläßt die näheren Vorschriften.

2. Ordnungsstrafverfahren.

Art. 118. Ordnungsstrafen werden von den vorgesetzten Behörden und Beamten durch Zustellung einer schriftlichen Verfügung oder mündlich unter Aufnahme einer Verhandlungsschrift verhängt.

Bevor über den Volksschullehrer eine Ordnungsstrafe verhängt wird, ist ihm Gelegenheit zu geben, sich über die Anschuldigung zu äußern, es sei denn, daß die Ordnungsstrafe schon für den Fall einer bestimmten Verfehlung angedroht war.

Das zuständige Staatsministerium erläßt die Vorschriften über die Zuständigkeit für Ordnungsstrafen, über das Beschwerdeverfahren und über die Vollstreckung.

Uneinbringliche Geldstrafen können nicht in Freiheitsstrafen umgewandelt werden.

3. Amtsstrafverfahren.

Art. 119. Amtsstrafen werden von den Disziplinargerichten nach den Art. 119, 120 und 124 des Beamtengesetzes verhängt.

Die Art. 121 bis 123 und 125 bis 161 des Beamtengesetzes gelten entsprechend.

Bei der Hauptverhandlung über Amtsstrafsachen gegen Volksschullehrer muß in den Disziplinargerichten ein Mitglied aus dem Volksschullehrerstande mitwirken.

Art. 120. Art. 119 gilt entsprechend, wenn über den Volksschullehrer wegen der Zugehörigkeit zu einem Vereine, die mit seiner dienstlichen Stellung nicht vereinbar ist, eine Ordnungsstrafe verhängt werden soll.

Art. 121. Die Anstellungsbehörde vollstreckt die rechtskräftigen Urteile der Disziplinargerichte. Das zuständige Staatsministerium erläßt die näheren Vorschriften über die Vollstreckung.

4. Kosten des Verfahrens.

Art. 122. Für das Dienstverfahren werden nur bare Auslagen angerechnet.

Wird der Beschuldigte verurteilt oder hat er ein Rechtsmittel ohne Erfolg eingelegt, so hat er die baren Auslagen für das Verfahren ganz oder teilweise zu erstatten.

Der Beschuldigte trägt die Kosten des nach Art. 114 eingestellten Verfahrens. Hat der Verurteilte ein Rechtsmittel zurückgenommen, so trägt er die Kosten hierfür.

In allen übrigen Fällen trägt die Staatskasse die Kosten.

Wird der Beschuldigte außer Verfolgung gesetzt oder freigesprochen oder wird das Verfahren nach Art. 151 des Beamtengesetzes eingestellt, so können die notwendigen Auslagen des Beschuldigten der Staatskasse auferlegt werden. Zu den notwendigen Auslagen gehören auch die Kosten der Verteidigung.

Über die Verpflichtung zur Tragung der Kosten ist gleichzeitig mit der Entscheidung in der Hauptsache zu erkennen.

C. Dienststrafrecht für andere Volksschullehrer.

Art. 123.[31]) Für die widerruflichen Volksschullehrer im Dienste gelten abgesehen von Art. 93 Abs. I Satz 2 die Vorschriften über Ordnungsstrafen in den Art. 104 bis 106, 111 bis 118 und 122 entsprechend. Bei unständigen Volksschullehrern darf jedoch die Geldstrafe einhundert Reichsmark[27a]) nicht überschreiten.

Als Ordnungsstrafe kann auch die Aberkennung eines Gehaltsteiles nach Art. 108 verhängt werden.

Wird der widerrufliche Volksschullehrer strafweise versetzt, so kann die Anstellungsbehörde nach Art. 109 Abs. III verfahren.

Art. 124. Für die im Art. 21 bezeichneten Personen gelten die Vorschriften über Ordnungsstrafen in den Art. 104 bis 106, 111 bis 118, 122 und 123 Abs. I Satz 2 entsprechend.

Über Mitglieder geistlicher Gesellschaften oder religiöser Vereine können Geldstrafen nicht verhängt werden.

Art. 125. Für die Volksschullehrer im Ruhestande, die unwiderruflich waren, gelten die Art. 104 bis 122 entsprechend, jedoch mit folgenden Einschränkungen:

1. Ordnungsstrafen können nur wegen Verletzung der Pflicht zur Amts-

---

[31]) In der Fassung des Art. 62 des Beamtenbesoldungsgesetzes v. 2. Juni 1920 (GVBl. S. 275).

verschwiegenheit verhängt werden. Geldstrafe ist bis zum Monatsbetrage des Ruhegehalts zulässig.

2. Ein Amtsstrafverfahren kann nur eingeleitet werden, wenn der Volksschullehrer im Dienste oder im Ruhestande seine Pflichten durch eine Handlung verletzt hat, die seine Dienstentlassung begründen würde, wenn er noch im Dienste stünde. An Stelle der Dienstentlassung ist auf Verlust der Standesbezeichnung und des Anspruchs auf Ruhestands- und Hinterbliebenenversorgung zu erkennen. Die Vorschriften des Art. 110 Abs. II und III gelten entsprechend.

Art. 126. Für die Volksschullehrer im Ruhestande, die widerruflich waren, gelten abgesehen von Art. 93 Abs. I Satz 2 die Vorschriften über Ordnungsstrafen in den Art. 104 bis 106, 111 bis 118, 122 und 125 Nr. 1 entsprechend.

Art. 127. Der Volksschullehrer, dessen Dienstverhältnis auf Ansuchen oder ohne Ansuchen gelöst wurde, kann wegen Verletzung der Pflicht zur Amtsverschwiegenheit auch nach der Lösung des Dienstverhältnisses im Amtsstrafverfahren zu einer Geldstrafe bis zu 600 Reichsmark[27a]) verurteilt werden, wenn nicht eine andere Strafe verwirkt ist. Die Art. 103 Abs. V, 106 Abs. II und 118 Abs. IV sind anzuwenden.

Das gleiche gilt für die im Art. 21 Abs. I bezeichneten Personen.

Art. 128. In einem Amtsstrafverfahren nach den Art. 125 bis 127 entscheidet im ersten Rechtszuge die Disziplinarkammer, in deren Bezirk der Beschuldigte seinen letzten Dienstsitz hatte.

Abschnitt IX.

Vorläufige Dienstenthebung.

Art. 129. Die Anstellungsbehörde kann den unwiderruflichen Volksschullehrer jederzeit unter Wahrung seiner Rechte als Volksschullehrer vorläufig vom Dienste entheben.

Art. 130. Der Volksschullehrer ist kraft Gesetzes vorläufig vom Dienste enthoben:

1. wenn ein richterlicher Haftbefehl gegen ihn ergangen ist,
2. wenn gegen ihn wegen eines Verbrechens oder wegen eines Vergehens, das den Verlust des Amtes zur Folge haben kann, das Hauptverfahren eröffnet oder im militärgerichtlichen Verfahren die Anklage verfügt ist,
3. wenn er im Amtsstrafverfahren zur Dienstentlassung verurteilt, das Urteil aber noch nicht rechtskräftig ist,
4. wenn eine Gefängnisstrafe an ihm vollstreckt wird.

Art. 131. Die Anstellungsbehörde kann den Volksschullehrer vorläufig vom Dienste entheben, solange gegen ihn ein strafgerichtliches Verfahren eingeleitet ist oder eine andere Freiheitsstrafe als eine Gefängnisstrafe an ihm vollstreckt wird. Das gleiche gilt, solange gegen den unwiderruflichen Volksschullehrer ein Amtsstrafverfahren eingeleitet oder gegen den widerruflichen Volksschullehrer eine Untersuchung wegen eines Dienstvergehens anhängig ist, das zur Versetzung oder Entlassung führen kann.

Der Volksschullehrer kann gegen die Verfügung Beschwerde zum zuständigen Staatsministerium erheben.

Art. 132. Die vorläufige Dienstenthebung endigt:

1. in den Fällen des Art. 130 Nr. 1 und 4 mit dem Ablaufe des zehnten Tages nach Beendigung der Freiheitsentziehung, im Falle des Art. 130 Nr. 1 jedoch mit der Aufhebung des Haftbefehls, wenn dieser nicht vollzogen worden ist;
2. im Falle des Art. 130 Nr. 2 mit dem Eintritte der Rechtskraft eines Urteils, das den Verlust des Amtes nicht zur Folge hat, jedoch erst mit dem Ablaufe des zehnten Tages nach der Verbüßung der Strafe, wenn das Urteil auf Freiheitsstrafe lautet;
3. im Falle des Art. 130 Nr. 3 mit dem Eintritte der Rechtskraft eines Urteils, das nicht auf Dienstentlassung lautet.

Im Falle des Art. 130 Nr. 2 kann die Anstellungsbehörde den Volksschullehrer noch vor dem Erlasse des Urteils wieder in den Dienst einsetzen, wenn er wegen eines Vergehens angeklagt ist, das nach dem Ermessen der Anstellungsbehörde milder beurteilt werden kann. Die Verfügung ist widerruflich.

Art. 133.[32]) Während der vorläufigen Dienstenthebung nach Art. 130 oder 131 wird dem Volksschullehrer vom Ablaufe des Monats an, in dem er vom Dienste enthoben wird, der dritte Teil des Grundgehalts und des Ortszuschlags samt den Teuerungszuschlägen hieraus einbehalten.

Ist das Diensteinkommen vorausbezahlt, so wird der zuviel gezahlte Betrag bei der nächsten Zahlung abgezogen.

Ist der Volksschullehrer oder seine Familie in Not, so kann die Anstellungsbehörde einen geringeren als den in Abs. I bezeichneten Betrag einbehalten.

Solange die Vollstreckung einer Freiheitsstrafe ohne die Schuld des Verurteilten verzögert oder unterbrochen ist, wird das Diensteinkommen nicht gekürzt. Es wird auch während der zehn Tage nach Art. 132 Abs. I Nr. 1 und 2 nicht gekürzt, wenn nicht die Anstellungsbehörde vor dem Ablaufe dieser Zeit die vorläufige Dienstenthebung nach Art. 131 verfügt.

Art. 134.[33]) Von dem einbehaltenen Teile des Diensteinkommens werden gedeckt:

1. die Kosten des Amtsstrafverfahrens, soweit sie den Volksschullehrer treffen, sodann
2. die Stellvertretungskosten, wenn das Verfahren zur Strafversetzung oder zum Verluste des Amtes führt, dann soweit sie wegen der Vollstreckung einer Freiheitsstrafe (Art. 130 Nr. 4, 131, 132 Abs. I Nr. 1 und 2) entstanden sind.

Stellvertretungskosten, die von dem einbehaltenen Teile des Diensteinkommens nicht gedeckt werden können, fallen dem Volksschullehrer nicht zur Last.

Der nicht verbrauchte Teil des Diensteinkommens wird nach näherer Anordnung des zuständigen Staatsministeriums den Wohlfahrtseinrichtungen für die Volksschullehrer oder ihre Hinterbliebenen überwiesen, wenn das Verfahren zum Verluste des Amtes führt oder der Volksschullehrer nach Art. 114 aus dem öffentlichen Volksschuldienst entlassen wird. Sonst wird er dem Volksschullehrer nachgezahlt.

Abschnitt X.

Verfolgung vermögensrechtlicher Ansprüche der Volksschullehrer und ihrer Hinterbliebenen.

Art. 135.[34]) Für die Verfolgung vermögensrechtlicher Ansprüche der Volksschullehrer und ihrer Hinterbliebenen gelten die Art. 176 mit 178 des Beamtengesetzes vom 16. August 1908 mit den späteren Änderungen entsprechend.

Art. 136.[35])

Art. 137.[35])

Art. 138.[35])

Art. 139.[35])

Abschnitt XI.

Feststellung von Haftungen der Volksschullehrer.

Art. 140. Hat ein Volksschullehrer durch vorsätzliche oder fahrlässige Verletzung seiner Amtspflicht dem Staate einen Schaden zugefügt, so kann

---

[32]) In der Fassung des Art. 62 d. BBGes. v. 2. Juni 1920 (GVBl. S. 275).

[33]) In der Fassung des Art. 62 d. BBGes. v. 2. Juni 1920 (GVBl. S. 275).

[34]) In der Fassung des Ges. vom 1. August 1923 (GVBl. S. 337).

[35]) Art. 136 mit 139 aufgehoben durch Ges. v. 1. August 1923 (GVBl. S. 337).

die Anstellungsbehörde beschließen, daß der Volksschullehrer für den Schaden haftbar ist und in welcher Höhe er dem Staate Ersatz zu leisten hat.

Der Beschluß wird mit Gründen versehen und dem Volksschullehrer unter Belehrung über sein Beschwerderecht eröffnet. Auf Verlangen erhält er eine Abschrift.

Gegen den Beschluß kann der Volksschullehrer binnen vierzehn Tagen nach der Eröffnung Beschwerde zum zuständigen Staatsministerium erheben.

Art. 141. Der Beschluß wird mit dem Ablaufe der Beschwerdefrist oder mit der Eröffnung der Entscheidung des zuständigen Staatsministeriums nach den Vorschriften über das Vollstreckungsrecht der Verwaltungsbehörden vollstreckbar.

Er kann schon vorher für vorläufig vollstreckbar erklärt werden, wenn zu befürchten ist, daß der Volksschullehrer sein Vermögen der Verwendung zum Ersatze des Schadens entziehen werde oder wenn sonst dem Staate durch den Aufschub der Vollstreckung ein schwer ersetzbarer Nachteil entstehen würde. Der Volksschullehrer kann in diesem Falle durch Sicherheitsleistung oder durch Hinterlegung die Vollstreckung abwenden.

Art. 142. Der Volksschullehrer kann gegen den vollstreckbaren Beschluß, der ihn zum Schadenersatze gegenüber dem Staate verpflichtet, Klage vor den bürgerlichen Gerichten erheben. Er kann dabei die Ersatzverbindlichkeit nach Bestand und Höhe bestreiten.

Die Klage muß binnen einer Ausschlußfrist von einem Jahre erhoben werden. Die Frist beginnt mit dem Tage, an dem der Beschluß vollstreckbar geworden ist. Für sie gelten die §§ 203, 206 und 207 des Bürgerlichen Gesetzbuches entsprechend.

Art. 2 des Ausführungsgesetzes zur Reichs-Zivilprozeßordnung und Konkursordnung ist nicht anwendbar.

Art. 143. Die Vorschriften dieses Abschnitts gelten auch für die im Art. 21 bezeichneten Personen. Im Falle des Art. 21 Abs. II tritt bei der Anwendung der Vorschriften dieses Abschnitts die Gesellschaft oder der Verein an die Stelle des Mitglieds.

Abschnitt XII.

Volksschulfachlehrer.

Art. 144.[36]) Volksschulfachlehrer im Sinne dieses Gesetzes sind die Personen, die von der Anstellungsbehörde zur Erteilung des Unterrichts in bestimmten Lehrgegenständen an öffentlichen Volksschulen in ständiger oder unständiger Diensteseigenschaft hauptamtlich angestellt sind.

Für den Volksschulfachlehrer gelten die Vorschriften der Abschnitte I bis XI entsprechend.

Art. 145.[37])

Art. 146.[38])

Abschnitt XIII.

Volksschullehrer an christlichen Bekenntnisschulen und an Schulen von Stiftungen und gemeinnützigen Unternehmungen.

Art. 147.[39]) Die Personen, die von der Anstellungsbehörde zur Erteilung des allgemeinen Volksschulunterrichts an christlichen Bekenntnissonderschulen hauptamtlich angestellt sind, sind Volksschullehrer im Sinne dieses Gesetzes.

Art. 148.[39]) Die Anstellungsbehörde kann den Personen, die von ihr zur

---

[36]) In der Fassung des Art. 62 des BBGes. v. 2. Juni 1920 (GVBl. S. 275) sowie Gesetz vom 1. August 1923 (GVBl. S. 337).

[37]) Aufgehoben durch Art. 62 des Beamtenbesoldungsgesetzes vom 2. Juni 1920 (GVBl. S. 275).

[38]) Aufgehoben durch Gesetz vom 1. August 1923 (GVBl. S. 337).

[39]) In der Fassung des Ges. vom 1. August 1923 (GVBl. S. 337).

Erteilung des allgemeinen Volksschulunterrichts an Schulen von Stiftungen und gemeinnützigen Unternehmungen in ständiger Diensteseigenschaft hauptamtlich angestellt sind, die Rechte ständiger Volksschullehrer im Sinne dieses Gesetzes verleihen.

Abschnitt XIV.

Israelitische Volksschullehrer.

Art. 149.[40]) Israelitische Volksschullehrer im Sinne dieses Gesetzes sind die Personen israelitischen Glaubens, die von der Anstellungsbehörde zur Erteilung des allgemeinen Volksschulunterrichts an israelitischen Volksschulen hauptamtlich angestellt sind.

Für die israelitischen Volksschullehrer gelten die Vorschriften dieses Gesetzes entsprechend.

Art. 150.[41]) Wenn die im Art. 36 des Schulbedarfgesetzes bezeichneten Voraussetzungen weggefallen sind und nicht eine Ausnahme nach Art. 38 Abs. II des gleichen Gesetzes zugelassen ist, wird der unwiderrufliche israelitische Volksschullehrer unter Bewilligung des gesetzlichen Wartegeldes in den einstweiligen Ruhestand nach den Vorschriften des Beamtengesetzes versetzt, wenn und solange er nicht an einer anderen israelitischen Volksschule verwendet werden kann.

Abs. I kann auf widerrufliche ständige israelitische Volksschullehrer entsprechend angewendet werden.

Abschnitt XV.

Besondere Vorschriften für die Volksschullehrerinnen.

Art. 151.[42]) Für die Volksschullehrerinnen, die Volksschulfachlehrerinnen und die israelitischen Volksschullehrerinnen gelten außer den Vorschriften dieses Gesetzes die besonderen Vorschriften des Beamtengesetzes über die weiblichen Beamten entsprechend.

Art. 152.[43])
Art. 153.[43])
Art. 154.[43])
Art. 155.[43])
Art. 156.[43])

Abschnitt XVI.

Übergangsvorschriften.

Art. 157. Die Personen, die vor dem Inkrafttreten dieses Gesetzes zur Erteilung des allgemeinen Volksschulunterrichts an öffentlichen Volksschulen angestellt worden sind und beim Inkrafttreten des Gesetzes als Schulverweser, Schulverweserinnen, Volksschullehrer oder Volksschullehrerinnen im Dienste stehen, sind von diesem Zeitpunkt an Lehrer oder Lehrerinnen im Sinne dieses Gesetzes.

Art. 158. Für den Eintritt der Unwiderruflichkeit des Dienstverhältnisses wird den im Art. 157 bezeichneten Volksschullehrern die Dienstzeit angerechnet, die sie seit dem 1. Januar des zweiten Jahres nach dem Jahre der Anstellungsprüfung im öffentlichen Volksschuldienste zurückgelegt haben. Ist die Ernennung zum Schulverweser, zur Schulverweserin, zum Volksschullehrer oder zur Volks-

---

[40]) In der Fassung des Ges. v. 1. August 1923 (GVBl. S. 337).

[41]) In der Fassung des Art. 3 des Ges. v. 29. August 1923 (GVBl. S. 309), Art. 2 der VO. v. 29. März 1924 (GVBl. S. 128), Art. 2 des Ges. v. 10. Juli 1927 (GVBl. S. 227).

[42]) In der Fassung des Ges. v. 1. August 1923 (GVBl. S. 337).

[43]) Art. 152 mit 156 aufgehoben durch Ges. v. 1. August 1923 (GVBl. S. 337).

schullehrerin vor dem bezeichneten Zeitpunkt eingetreten, so wird die Dienstzeit von dieser Ernennung an berechnet.

Für Hilfslehrer und Hilfslehrerinnen, die vor dem Inkrafttreten dieses Gesetzes angestellt worden sind und innerhalb eines Jahres nach dem Inkrafttreten des Gesetzes zu Lehrern oder Lehrerinnen ernannt werden, gilt Abs. I Satz 1 entsprechend.

Art. 159.[44])

Art. 160.[44])

Art. 161. Für die im Art. 157 bezeichneten Volksschullehrer, die beim Inkrafttreten dieses Gesetzes als Schulverweser oder Schulverweserinnen im Dienste stehen, gilt in Bezug auf die Bemessung des Gehalts der Tag des Inkrafttretens des Gesetzes als Tag der Ernennung zum ständigen Volksschullehrer.

Der Gehalt der im Art. 157 bezeichneten Volksschullehrer, die beim Inkrafttreten dieses Gesetzes als Volksschullehrer oder Volksschullehrerinnen bisheriger Ordnung im Dienste stehen, wird vom Inkrafttreten des Gesetzes an so bemessen, wie wenn die Vorschriften des Abschnitts III über den Gehalt der ständigen Volksschullehrer für sie seit ihrer Ernennung zum Volksschullehrer (wirklichen Schullehrer) oder zur Volksschullehrerin (wirklichen Lehrerin) bisheriger Ordnung gegolten hätten.

Für die Gewährung der Gehaltsvorrückungen wird den in den Abs. I und II bezeichneten Volksschullehrern auch die Dienstzeit angerechnet, die sie seit dem 1. Januar des 2. Jahres nach dem Jahre der Anstellungsprüfung im öffentlichen Volksschuldienste zurückgelegt haben.

Für die Hilfslehrer und Hilfslehrerinnen, die vor dem Inkrafttreten dieses Gesetzes angestellt worden sind und innerhalb eines Jahres nach dem Inkrafttreten des Gesetzes zu Lehrern oder Lehrerinnen ernannt werden, gilt Abs. III entsprechend.

Art. 162. Die dienstlichen Bezüge eines Volksschullehrers, der vor dem Inkrafttreten dieses Gesetzes angestellt worden ist und beim Inkrafttreten im Dienste steht, dürfen in keinem Zeitpunkte geringer sein als das Einkommen, das er bei fortdauernder Gültigkeit der bisherigen Vorschriften erhalten hätte, wenn er in der Dienstesstellung verblieben wäre, die er vor dem Inkrafttreten dieses Gesetzes zuletzt innehatte. Solange das Diensteinkommen nach den Vorschriften dieses Gesetzes hinter jenem Einkommen zurückbleibt, erhält der Volksschullehrer das Fehlende als persönliche Gehaltszulage.

Als Einkommen in der bisherigen Dienstesstellung im Sinne dieser Vorschrift gilt:

1. das Reineinkommen aus dem Hauptamte nach dem für die Dienstesstelle des Volksschullehrers vor dem Inkrafttreten dieses Gesetzes zuletzt maßgebenden Fassionsabschluß oder Ortsstatut einschließlich der bisherigen Wohnungsentschädigung,
2. der Betrag der vor dem Inkrafttreten des Gesetzes zuletzt angewiesenen staatlichen Dienstalterszulagen,
3. eine besondere örtliche Zulage, die der Volksschullehrer beim Inkrafttreten des Gesetzes bezogen hat.

Der Nutzanschlag der Dienstwohnung wird weder für das bisherige noch für das künftige Diensteinkommen angerechnet. Wird dem Volksschullehrer mit dem Inkrafttreten dieses Gesetzes oder später an Stelle der bisherigen Dienstwohnung eine Wohnungsentschädigung angewiesen oder umgekehrt, so wird auch die Wohnungsentschädigung nicht angerechnet.

Zum Einkommen in der bisherigen Dienstesstellung zählen nicht:

1. das Einkommen aus einem mit dem Schuldienste verbundenen Kirchendienste, soweit es beim Inkrafttreten des Gesetzes nicht in den Mindestgehalt eingerechnet war,

---

[44]) Art. 159 und 160 aufgehoben durch Ges. vom 24. März 1920 (GVBl. S. 103).

2. die außerordentliche Zulage nach der Ministerialbekanntmachung vom 11. Mai 1916, die Aufbesserungszulagen aus Mitteln der Kreise sowie die Teuerungsbezüge.

Soweit das Einkommen in der bisherigen Dienstesstellung infolge einer anderen nur widerruflich gewährten örtlichen Zulage höher ist als das Diensteinkommen nach den Vorschriften dieses Gesetzes, kann die persönliche Gehaltszulage nach Abs. I in der gleichen Weise wie die bisherige örtliche Zulage widerrufen werden. Der Widerruf wird erst am Ende des Kalenderjahres wirksam. Er muß der Anstellungsbehörde spätestens ein Vierteljahr vorher angezeigt werden.

Die persönliche Gehaltszulage entfällt, wenn der Volksschullehrer in eine andere Gemeinde versetzt wird.

Art. 163. Für die persönliche Gehaltszulage nach Art. 162 gelten die allgemeinen Vorschriften dieses Gesetzes über das Diensteinkommen der Volksschullehrer.

Der Jahresbetrag der persönlichen Gehaltszulage wird, wenn nötig, auf den nächsten durch drei teilbaren Markbetrag aufgerundet.

Art. 164. Wenn sich bei der Überleitung in die Gehaltsvorschriften dieses Gesetzes für einzelne Volksschullehrer Härten oder Unbilligkeiten ergeben würden, können die beteiligten Staatsministerien das Diensteinkommen dieser Volksschullehrer besonders festsetzen.

Art. 165.[45]) Für die Volksschullehrer, die vor oder mit dem Inkrafttreten dieses Gesetzes in den Ruhestand versetzt worden sind, bleiben die bisherigen Vorschriften über die Ruhestandsversorgung in Kraft, soweit nicht im Art. 166 und in den Art. 63 bis 67 des Schulbedarfgesetzes etwas anderes bestimmt ist.

Art. 166. Für die Volksschullehrer, die in der Zeit vom 1. Januar 1909 bis zum Inkrafttreten dieses Gesetzes in den Ruhestand versetzt worden sind, wird der Ruhegehalt vom Inkrafttreten des Gesetzes an nach den neuen Vorschriften berechnet, wenn diese günstiger sind.

Das versorgungsfähige Diensteinkommen wird dabei so bemessen, wie wenn dieses Gesetz am 31. Dezember 1908 in Kraft getreten wäre.

Hatte der Volksschullehrer im Zeitpunkte der Ruhestandsversetzung noch nicht volle zehn Dienstjahre im Sinne des Art. 158 zurückgelegt, so kann ihm Ruhegehalt nach Abs. I und II widerruflich bewilligt werden.

Die Vorschriften dieses Gesetzes über die Unfallfürsorge sind nicht anwendbar.

Art. 167. Ist ein Volksschullehrer vor dem Inkrafttreten dieses Gesetzes infolge eines körperlichen Gebrechens oder wegen Schwäche seiner körperlichen oder geistigen Kräfte zeitlich oder dauernd in den Ruhestand versetzt worden, so gilt für ihn Art. 54 entsprechend. Dabei wird als Gehalt der letzten Dienstesstelle der Betrag zugrunde gelegt, den der Volksschullehrer erhalten hätte, wenn die Vorschriften des Art. 161 im Zeitpunkte seiner Ruhestandsversetzung gegolten hätten.

Art. 158 ist anzuwenden.

Art. 168. Die Versorgungsbezüge eines unwiderruflichen Volksschullehrers, der vor dem Inkrafttreten dieses Gesetzes angestellt worden ist und nach dem Inkrafttreten in den Ruhestand versetzt wird, dürfen nicht geringer sein als der Betrag, den er bei fortdauernder Gültigkeit der bisherigen Vorschriften über die Ruhestandsversorgung erhalten hätte, wenn er bis zur Versetzung in den Ruhestand in der Dienstesstellung verblieben wäre, die er vor dem Inkrafttreten dieses Gesetzes zuletzt innehatte. Bleibt der Ruhegehalt nach den Vorschriften dieses Gesetzes hinter jenem Betrage zurück, so erhält der Volksschullehrer das Fehlende als Ruhegehaltszulage.

Art. 169. Ein widerruflicher Volksschullehrer, der vor dem Inkrafttreten dieses Gesetzes angestellt worden ist und nach dem Inkrafttreten wegen unver-

---

[45]) In der Fassung des Ges. v. 1. August 1923 (GVBl. S. 337).

schuldeter Dienstunfähigkeit aus dem öffentlichen Volksschuldienst ausscheidet, hat Anspruch auf Ruhegehalt in dem Betrage, den er bei fortdauernder Gültigkeit der bisherigen Vorschriften über die Ruhestandsversorgung erhalten hätte, wenn er bis zu seinem Ausscheiden in der Dienstesstellung verblieben wäre, die er vor dem Inkrafttreten dieses Gesetzes zuletzt innehatte.

Berechnet sich für einen widerruflichen ständigen Volksschullehrer nach Art. 61 Satz 2 ein höherer Betrag, so kann der Ruhegehalt bis zu diesem Betrage widerruflich erhöht werden.

Art. 170. Für die Ruhegehaltszulage nach Art. 168 und für den Ruhegehalt nach Art. 169 Abs. I gelten entsprechend die Art. 52, 53, 54 Abs. II, 56, 57, 59, 60, 63 Abs. II, 65 Abs. III, 66 und 67 sowie die sonstigen allgemeinen Vorschriften dieses Gesetzes über den Ruhegehalt der Volksschullehrer.

Der nach Art. 169 Abs. I angewiesene Ruhegehalt kann nur im Amtsstrafverfahren nach den Vorschriften der Art. 125 Nr. 2 und 128 entzogen werden.

Art. 171.[46]) Für die Hinterbliebenen der Volksschullehrer, die vor dem Inkrafttreten dieses Gesetzes gestorben sind oder sich beim Inkrafttreten im Ruhestande befinden, bleiben die bisherigen Vorschriften über die Hinterbliebenenversorgung in Kraft, soweit nicht im Art. 172 und in den Art. 63 bis 67 des Schulbedarfgesetzes etwas anderes bestimmt ist. Jedoch sind die Art. 65 Abs. III, 66, 67 und 77 Abs. II entsprechend anwendbar.

Art. 172. Für die Hinterbliebenen der Volksschullehrer, die in der Zeit vom 1. Januar 1909 bis zum Inkrafttreten dieses Gesetzes in den Ruhestand versetzt worden sind, wird das Witwen- und Waisengeld nach den neuen Vorschriften berechnet, wenn diese günstiger sind. Das gleiche gilt für die Hinterbliebenen der Volksschullehrer, die in der Zeit vom 1. Januar 1909 bis zum Inkrafttreten des Gesetzes im Dienste gestorben sind. Art 83 gilt entsprechend.

Die Vorschriften des Art. 166 Abs. II und IV sind anzuwenden.

Wenn für einen Teil der Hinterbliebenen die bisherigen Vorschriften, für einen anderen Teil die Vorschriften dieses Gesetzes günstiger sind, werden die Versorgungsbezüge für jeden Teil nach den für ihn günstigeren Vorschriften berechnet.

Art. 173. Die Versorgungsbezüge der Hinterbliebenen eines ständigen Volksschullehrers, der vor dem Inkrafttreten dieses Gesetzes angestellt worden und nach dem Inkrafttreten im Dienste gestanden ist, dürfen nicht geringer sein als der Betrag, den die Hinterbliebenen bei fortdauernder Gültigkeit der bisherigen Vorschriften über die Hinterbliebenenversorgung erhalten hätten, wenn der Volksschullehrer bis zur Versetzung in den Ruhestand oder, wenn er im Dienste gestorben ist, bis zu seinem Tode in der Dienstesstellung verblieben wäre, die er vor dem Inkrafttreten dieses Gesetzes zuletzt innehatte. Bleibt das Witwen- oder Waisengeld nach den Vorschriften dieses Gesetzes hinter jenem Betrage zurück, so erhalten die Hinterbliebenen das Fehlende als Witwen- oder Waisengeldzulage.

Die Hinterbliebenen eines Volksschullehrers, der Mitglied des Witwen- und Waisenunterstützungsvereins der Volksschullehrer in München war, haben Anspruch auf Witwen- und Waisengeldzulage in dem Betrage, den sie nach der Vorschrift des Abs. I erhalten würden, wenn der Volksschullehrer Mitglied des Kreisvereins zur Unterstützung der Hinterbliebenen der Volksschullehrer für den Regierungsbezirk Oberbayern gewesen wäre. Hat der Volksschullehrer zugleich dem Kreisverein für den Regierungsbezirk Oberbayern angehört, so werden als bisherige Versorgungsbezüge nur die Beträge angerechnet, die bisher vom Kreisverein ausbezahlt worden sind.

Art. 174. Die Hinterbliebenen eines Hilfslehrers, der vor dem Inkrafttreten dieses Gesetzes angestellt worden und nach dem Inkrafttreten im Dienste gestanden ist, haben Anspruch auf Witwen- und Waisengeld in dem Betrage,

---

[46]) In der Fassung des Ges. v. 1. August 1923 (GVBl. S. 337).

den sie erhalten würden, wenn beim Tode des Hilfslehrers noch die bisherigen Vorschriften über die Hinterbliebenenversorgung gelten würden.

War der Hilfslehrer Mitglied des Witwen- und Waisenunterstützungsvereins der Volksschullehrer in München, so gilt Art. 173 Abs. 2 entsprechend.

Art. 175. Für die Witwen- und Waisengeldzulage nach Art. 173 und für das Witwen- und Waisengeld nach Art. 174 gelten entsprechend die Art. 75 bis 78, 80, 81 Satz 1 und 85 sowie die sonstigen allgemeinen Vorschriften dieses Gesetzes über die Versorgungsbezüge der Hinterbliebenen der Volksschullehrer.

Art. 176. Dienststrafsachen, die beim Inkrafttreten dieses Gesetzes anhängig sind, werden nach den bisherigen Vorschriften über das Verfahren erledigt.

Ist eine Pflichtverletzung vor dem Inkrafttreten dieses Gesetzes begangen worden, so wird die Strafe nach den Vorschriften dieses Gesetzes bestimmt, wenn sie milder sind.

Art. 177. Streitigkeiten über vermögensrechtliche Ansprüche der Volksschullehrer und ihrer Hinterbliebenen, die beim Inkrafttreten dieses Gesetzes anhängig sind, werden nach den bisherigen Vorschriften über das Verfahren erledigt.

Art. 178. Die Personen, die vor dem Inkrafttreten dieses Gesetzes zur Erteilung des Unterrichts in bestimmten Lehrgegenständen an öffentlichen Volksschulen hauptberuflich mit Anspruch oder Aussicht auf Ruhestands- und Hinterbliebenenversorgung angestellt worden sind und beim Inkrafttreten dieses Gesetzes im Dienste stehen, sind von diesem Zeitpunkt an Volksschulfachlehrer im Sinne dieses Gesetzes.

Für den Eintritt der Unwiderruflichkeit des Dienstverhältnisses wird den im Abs. I bezeichneten Volksschulfachlehrern die Dienstzeit, die sie vor dem Inkrafttreten dieses Gesetzes in ständiger Diensteseigenschaft zurückgelegt haben, nach den Vorschriften dieses Gesetzes angerechnet. Der Zeitpunkt der ersten Anstellung in ständiger Diensteseigenschaft wird von der Anstellungsbehörde in jedem Falle nach Einvernahme der Gemeindeverwaltung oder der verstärkten Gemeindeverwaltung besonders festgesetzt.

Wenn das Diensteinkommen oder der Ruhegehalt der Volksschulfachlehrer oder die Bezüge ihrer Hinterbliebenen mit dem Inkrafttreten dieses Gesetzes oder später neu geregelt werden, gelten die Vorschriften der Art. 162 Abs. I Satz 1, 168 Satz 1, 169 Abs. I, 173 Abs. I Satz 1 und 174 Abs. I entsprechend.

Art. 179. Für die Volksschullehrer an christlichen Bekenntnisschulen und für die israelitischen Volksschullehrer gelten die Art. 157 bis 177 entsprechend.

Art. 180.[47]) Volksschullehrerinnen, die in der Zeit vom 1. September 1919 bis zum Inkrafttreten dieses Gesetzes infolge Verheiratung aus dem öffentlichen Volksschuldienst ausgeschieden sind oder im Ruhestande geheiratet haben, erhalten auf Antrag eine Abfindung in dem Betrage, den sie erhalten hätten, wenn das Gesetz am 1. September 1919 in Kraft getreten wäre.

Diese Vorschrift gilt auch für Fachlehrerinnen, die mit Anspruch oder Aussicht auf Ruhestandsversorgung an öffentlichen Volksschulen hauptberuflich angestellt waren.

Abschnitt XVII.

Aufhebung und Änderung bestehender Vorschriften.

Art. 181.[48]) Alle Gesetze, Verordnungen und sonstigen Vorschriften, die den Vorschriften dieses Gesetzes entgegenstehen oder durch sie ersetzt werden, treten außer Kraft, soweit nicht im Abschnitt XVI etwas anderes bestimmt ist.

Die Verbindung des weltlichen Kirchendienstes mit dem Schuldienst ist aufgehoben.

---

[47]) In der Fassung des Gesetzes vom 24. März 1920 (GVBl. S. 103).

[48]) In der Fassung des Gesetzes vom 24. März 1920 (GVBl. S. 103).

Art. 182.[49]) Art. 112 des Ausführungsgesetzes vom 18. August 1879 zur Reichs-Strafprozeßordnung gilt nicht für die Volksschullehrer, die Volksschulfachlehrer, die israelitischen Volksschullehrer und die in den Art. 21 des gegenwärtigen Gesetzes bezeichneten Personen.

Art. 183. Das Beamtengesetz vom 16. August 1908 wird geändert wie folgt:

1. Artikel 61 wird aufgehoben
2. Artikel 120 erhält folgende Fassung:

„Artikel 120. Am Sitze jedes Oberlandesgerichts wird eine Disziplinarkammer errichtet.

Die Disziplinarkammer besteht aus einem Präsidenten, den Mitgliedern und stellvertretenden Mitgliedern der bei demselben Oberlandesgerichte gebildeten Disziplinarkammer für richterliche Beamte, ferner nach näherer Anordnung der Staatsregierung aus je zwei bis sechzehn unwiderruflichen Beamten aus dem Geschäftskreise jedes Ministeriums und sechs unwiderruflichen Volksschullehrern sowie der erforderlichen Anzahl von Stellvertretern.

Diese unwiderruflichen Beamten und Volksschullehrer und ihre Stellvertreter werden von den amtlichen Berufsvertretungen der Beamten und Volksschullehrer auf Grund einer Wahl vorgeschlagen und von den zuständigen Staatsministerien auf die Dauer der Wahlzeiten der Berufsvertretungen ernannt. Die Staatsregierung erläßt die näheren Vorschriften über die Zahl der Vorzuschlagenden, über das Wahlverfahren und über die Aufwandsentschädigung für die Beisitzer.

Präsident der Disziplinarkammer ist der Präsident des Oberlandesgerichts. Im Verhinderungsfalle wird dieser durch den Senatspräsidenten und, wenn mehrere Senatspräsidenten vorhanden sind, durch den dienstältesten, bei gleichem Dienstalter durch den der Geburt nach ältesten Senatspräsidenten des Oberlandesgerichts vertreten."

3. Artikel 124 erhält folgende Fassung:

„Artikel 124.[50]) Der Disziplinarhof hat seinen Sitz in München.

Er besteht aus einem Präsidenten, den Mitgliedern und stellvertretenden Mitgliedern des Disziplinarhofs für richterliche Beamte, ferner nach näherer Anordnung der Staatsregierung aus je drei bis sechzehn unwiderruflichen Beamten aus dem Geschäftskreise jedes Ministeriums und sechs unwiderruflichen Volksschullehrern sowie der erforderlichen Anzahl von Stellvertretern. Artikel 120 Abs. III gilt entsprechend.

Präsident des Disziplinarhofs ist der Präsident des Obersten Landesgerichts. Im Verhinderungsfalle wird dieser durch den dienstältesten Senatspräsidenten und bei gleichem Dienstalter durch den der Geburt nach ältesten Senatspräsidenten des Obersten Landesgerichts vertreten."

4. Im Artikel 148 wird Abs. VI Satz 2 durch folgende Vorschrift ersetzt:

„Die Reihenfolge bei der Abstimmung richtet sich nach dem Lebensalter."

5. Im Artikel 158 wird Abs. VI Satz 3 gestrichen.

Art. 184. Das Ausführungsgesetz vom 2. November 1912 zur Reichsversicherungsordnung wird geändert wie folgt:

1. Art. 50[50a]) erhält folgende Fassung:

[„**Art. 50.** Volksschullehrer, deren jährliches Diensteinkommen nicht mehr als 5000 ℳ beträgt, erhalten für den Fall der Krankheit auf die Dauer der Regelleistungen der Krankenkassen einen Bezug im anderthalbfachen Betrage des Krankengeldes.

---

[49]) In der Fassung des Ges. v. 1. August 1923 (GVBl. S. 337).

[50]) In der Fassung des Gesetzes vom 24. März 1920 (GVBl. S. 103).

[50a]) Art. 50 aufgehoben durch Art. I Nr. 11 des Ges. vom 10. August 1921 (GVBl. S. 397).

Auf diesen Bezug werden die Leistungen angerechnet, die dem Volksschullehrer für die gleiche Zeit als Diensteinkommen, Ruhegehalt oder Unterhaltsbeitrag zukommen.

An Stelle des Bezugs nach Abs. I kann Krankenhilfe in der Höhe und Dauer der Regelleistungen der Krankenkasse gewährt werden. Die Leistungen nach Abs. II werden in diesem Falle nur auf die Barleistungen der Krankenhilfe angerechnet.

Bei der Bemessung des Diensteinkommens nach den Vorschriften der Abs. I bis III wird die Dienstwohnung mit dem Durchschnittssatze nach Art. 44 Abs. I Nr. 3 des Volksschullehrergesetzes angerechnet.

Diese Vorschriften gelten auch für die Volksschulfachlehrer und die israelitischen Volksschullehrer."]

2. An die Stelle des Art. 52 Satz 2 tritt folgende Vorschrift:
„Für die Verfolgung der Ansprüche nach den Art. 50 und 51 Abs. II gelten die Art. 135 bis 139 des Volksschullehrergesetzes."

Abschnitt XVIII.

Inkrafttreten und Vollzug.

Art. 185. Dieses Gesetz tritt am 1. Januar 1920 in Kraft.

Art. 186. Das zuständige Staatsministerium erläßt die Vorschriften zum Vollzuge dieses Gesetzes.

FSC
www.fsc.org
MIX
Papier | Fördert
gute Waldnutzung
FSC® C083411

Kolibri 360 GmbH
Ferdinand-Jühlke-Straße 7
99095 Erfurt, Deutschland
produktsicherheit@kolibri360.de